D1878770

# मारण मंत्र

# मारण मंत्र

विमल चन्द्र पाण्डेय

लोकभारती प्रकाशन

**लोकभारती प्रकाशन**
पहली मंजिल, दरबारी बिल्डिंग, महात्मा गांधी मार्ग
प्रयागराज-211 001

वेबसाइट : www.lokbhartiprakashan.com
ईमेल : info@lokbhartiprakashan.com

**शाखाएँ :** 1-बी, नेताजी सुभाष मार्ग, दरियागंज
नई दिल्ली-110 002
अशोक राजपथ, साइंस कॉलेज के सामने
पटना-800 006
1, अनमोल सोराबजी संतुक लेन, धोबी तलाव,
मरीन लाइंस, मुम्बई-400 002

**पहला संस्करण :** 2023

© विमल चन्द्र पाण्डेय

विकास कंप्यूटर एंड प्रिंटर्स
ट्रॉनिका सिटी-201 102
द्वारा मुद्रित

MAARAN MANTRA
*Stories* by Vimal Chandra Pandey

ISBN : 978-81-19835-34-8

**मूल्य :** ₹ 495

*कहानियों की यह किताब अपने सहोदरों को समर्पित*

*प्रिय अनुज सोनू (विनय चन्द्र पाण्डेय) के लिए*
(तुम्हारे जैसा छोटा भाई पाकर बड़े भाई को आवारा
निकल जाने की सुविधा मिली है)

*प्रिय छुटकी पूजा (जागृति पाण्डेय) के लिए*
(तुम मुझे इतनी प्रिय हो कि एक-दो नहीं, सारी कहानियाँ
अपने नाम से छपवा सकती हो)

# क्रम

# शुभचिन्तक

जिस तैंतीस साला आदमी ने काली टी-शर्ट पहनी हुई थी वह मजबूत कद-काठी का था और धारीदार कमीज वाला अपनी चाल से ही कमजोर दिखता था। पैंतीस के ऊपर दिखते उस आदमी ने पुरानी काट की सिलवाई हुई पतलून पहनी हुई थी और उसे देखकर लगता था कि रेडीमेड के इस जमाने में भी वह लगातार अपने कपड़े दर्जी के यहाँ सिलवाता रहा होगा। टी-शर्ट वाला आदमी जींस पहने हुए था और उसके शरीर की लापरवाही देखकर लगता था कि वह सिलवाए कपड़ों की नजाकत को काफी पीछे कहीं छोड़ आया है।

मोटरसाइकिल खड़ी कर जब वे दोनों उस गली में पहुँचे तो शाम के छह बजे थे और धुँधलका अभी भी दूर था। गर्मियाँ अप्रैल के पहले हफ्ते से ही मई-जून वाले ठाट में आ गई थीं और लोगों का भेजा बिना बात गरम होने लगा था। इस बात के मद्देनजर कमीज वाले ने टी-शर्ट वाले को समझाया था कि मौसम की गर्मी को दिमाग पर चढ़ने देना गलत बात है। टी-शर्ट वाले ने बदले में यह कहा था कि मंटू भइया आखिर उसके भी पुराने परिचित हैं और वह कोई उनका दुश्मन नहीं लेकिन बात उसूलों की है। उसका कहना था कि जबान की एक कीमत होती है और होनी चाहिए।

दोनों ने एक पुराने मकान के बाहर जाकर जोर से मंटू मंटू की हाँक लगाई और दरवाजा खटकाने का कोई उपक्रम नहीं किया। दोनों उस पतली-सी गली में एक तरफ खड़े थे और सामने से कुछ साँड़ जा रहे थे। वे दोनों दबकर खड़े रहे। जब सात साँड़ गुजर गए तो मंटू बाहर निकले। टी-शर्ट वाले ने साँड़ गिनना छोड़ मंटू की ओर आग्नेय नेत्रों से देखा। मंटू की उम्र चालीस साल के आसपास थी और उनके चेहरे पर न की जा सकी राजनीति का शोक

था। उनकी कमीज खास ऑर्डर पर सिलवाई हुई थी और खद्दर की यह कमीज, कमीज और कुर्ते का मिला-जुला रूप लगने के कारण अलग प्रभाव छोड़ती थी। टी-शर्ट वाला उस प्रभाव से बिलकुल अछूता रहा और सामने आकर बिना झुके मंटू के पाँव इस तरह छुए जैसे उनकी जाँघों को छूकर उसका ठोसपन जाँच रहा हो।

"कहाँ चला जाए?" मंटू ने पूछा।

बदले में कमीज वाला चुपचाप कुछ कदम चलने के बाद एक गली की ओर मुड़ गया। टी-शर्ट वाला भी उधर मुड़ा तो मंटू भी उधर ही मुड़ गए। मंटू नाम से उन्हें पूरे मुहल्ले में जाना जाता था और एक जमाने में जब वह विद्यापीठ में छात्रसंघ का चुनाव जीते थे तो अवनीश कुमार सिंह 'मंटू' का बनारस में डंका बजता था। न जाने कितने लोगों को उन्होंने मकान पर कब्जा दिलवाया था, कितने लोगों को पुलिस से छुड़वाया था और कितने ही झगड़ों में पंच बनकर उन्हें शान्तिपूर्वक सलटाया था। वह राजनीति में पूरी ईमानदारी से लगे थे और इसे समाज सेवा का माध्यम मानते। उनका स्पष्ट मानना था कि यदि कोई छोटी सोच वाला नेता अध्यक्षी में ही पैसे खाने लगेगा तो वह विधायकी तक कभी पहुँच ही नहीं सकता। वह खुद को बड़ी सोच वाला मानते थे और विधायक न बनने तक पूरे तन-मन-धन से नेतागिरी यानी समाज सेवा करते थे। लेकिन बाद में समस्या यह हो गई कि पार्टी के आला अधिकारियों, जो उनकी लगातार मेहनती और ईमानदार होती छवि को अपने लिए खतरा मानने लगे थे, ने उनका राजनीति से पत्ता घिसवा दिया। वह घिसते-घिसते खत्म हो गए। उनकी जगह नए रंगरूट आ गए थे और मंटू भइया और उनकी राजनीति धीरे-धीरे अप्रासंगिक हो गई थी। मंटू को राजनीति खत्म होने से ज्यादा दुख इस बात का था कि ईमानदार यानी कच्चा नेता समझकर उनको किनारे लगाया गया।

जिस पतली गली से गली-गली होते सब मीरघाट की तरफ बढ़ रहे थे, उसमें सामने से एक मुर्दा मणिकर्णिका की ओर लाया जा रहा था। भीड़ राम नाम के सत्य होने का नारा लगाती हुई तेजी से आगे बढ़ रही थी। तीनों एक तरफ दब गए और मुर्दे के ऊपर फेंके जा रहे लाचीदानों में से एकाध मंटू भइया के चेहरे पर भी पड़े। उन्होंने सकपकाकर बाकी दोनों की तरफ देखा। टी-शर्ट वाले के चेहरे पर दृढ़ता के भाव थे।

"गर्मी चालू हो गयल। मरे सुरू हो गइलन लोग।" मंटू भइया ने अपने चेहरे की झेंप को अपने कहे इस वाक्य से मिटाने की कोशिश की। कमीज वाला मुस्कराया लेकिन टी-शर्ट वाले के चेहरे पर कोई भाव नहीं आया।

"तू मरबा तऽ हम लाचीदाना नाहीं लेड़ुआ लुटाइब।" उसने ताना मारती आवाज में कहा तो मंटू फिर से अपने रास्ते पर चल पड़े। वहाँ बैठे एक भिखारी ने लड्डू लुटाए जाने की आशा में नजर उठाई और सेहतमन्द मंटू को देखकर दूसरी ओर देखने लगा।

तीनों बाकी रास्ते चुपचाप रहे। मंटू के चेहरे पर तनाव के भाव थे जिन्हें वह छिपाने की पूरी कोशिश कर रहे थे। टी-शर्ट वाले के चेहरे पर गुस्से के भाव थे जिन्हें वह जाहिर करने की ताक में था। कमीज वाला चेहरे से ही शान्तिप्रिय लग रहा था और उसके चेहरे पर भाव था कि यहाँ-वहाँ से लेकर पूरी दुनिया तक में शान्ति कायम रहनी चाहिए।

"किचाइन न होये चाही गुरू।" उसका प्रिय वाक्य था और यही उसकी जीवनशैली भी थी। इसी कारण वह अक्सर ऐसी जगहों पर पाया जाता था जहाँ मामला बिगड़ने की आशंका हुआ करती थी।

तीनों चलते-चलते मीरघाट पहुँच गए। टी-शर्ट वाला घटियारा था और उसे घाट के स्थायी निवासी अच्छी तरह पहचानते थे। मंटू का चेहरा भी घाट के बाशिन्दों में खासा लोकप्रिय था। यहीं घाट पर उन्होंने अपने लिए दुनिया की सबसे दुखदायी बात सुनी थी।

"कुछ नेता लोग होलन जेनकर नेतागिरी घाटे तक रहेला, जइसे मंटू।" किसी मल्लाह ने मंटू के बारे में बताते हुए उनका परिचय किसी छुटभैये को दिया था और गलती से मंटू उधर से ही निकले थे। इस एक वाक्य के परिचय से उनके आत्मविश्वास में गजब का ह्रास आया था और उन्होंने घर से निकलना कुछ कम कर दिया था, खासकर दूसरों के काम से। अब कोई दोस्त ही चला आता तो वह मना नहीं कर पाते। दोस्तों के परिवार में उन्हें दोस्त से अधिक सम्मान और प्यार मिलता। दोस्त उन्हें अच्छे दिनों की याद की तरह सहेज कर रखना चाहते। वे दोस्तों की घरेलू समस्याओं को सुलझाने के लिए किसी भी हद तक जाने को तैयार रहते।

दोनों मीर घाट पर कुछ सीढ़ियाँ चढ़कर एक मन्दिर के ऊपर वाले हिस्से में जाकर बैठ गए। मंटू काफी देर तक खड़े रहे तो कमीज वाले ने उन्हें बैठने

का इशारा किया, "बैठिए भइया।" वह इधर-उधर देखने लगे तो टी-शर्ट वाले ने तंज कसा, "सोफा मँगवाई का तोहरे बदे?"

अबकी मंटू चुपचाप बैठ गए। तीनों घाटों की तरफ देखते रहे। नीचे की ओर देखने पर ढेर सारे देसी-विदेशी गंगा आरती देखने दशाश्वमेध घाट की ओर जाते दिखाई दे रहे थे। धरम के धन्धे का वक्त हो गया था और ढेर सारे प्रकाश के बीच गंगा आरती शुरू होने वाली थी। कुछ पर्यटक गंगा में नाव लगवाकर दूसरी ओर से आरती का आनन्द ले रहे थे। मंटू जान-बूझकर चुपचाप आरती की ओर ही देखते रहे। बात शुरू करने की जल्दबाजी किसी ने नहीं दिखाई। टी-शर्ट वाले ने जेब में कुछ निकालने के लिए हाथ डाला पर अचानक रुक गया।

"ग लेबा कि च?" वह मंटू से मुखातिब था। इतने समय में उसका पहला वाक्य सहज होकर आया था और मंटू को जरा भी उम्मीद नहीं थी कि यह उनसे पूछा गया है। वह तुरन्त चौकन्ने नजर आने लगे। टी-शर्ट वाले के दोस्ताना रवैये ने उन्हें उत्साहित कर दिया था।

"च च च।" मंटू ने उत्साह में एक अक्षर का जवाब कई बार दोहरा दिया।

टी-शर्ट वाले ने अपनी जेब से एक छोटी-सी पन्नी निकाली। उसमें गँदले रंग की एक कागज की पुड़िया थी जिसमें एक काली गोली रखी थी। उसने गोली पर अपने मोटरसाइकिल की चाबी का किनारा गड़ाया तो वह उसमें चिपक गई। उसने माचिस जलाई और चाबी का वह सिरा गरम करने लगा। कमीज वाले ने एक सिगरेट बीचोबीच फाड़ दी थी और उसमें से निकले तम्बाकू को हथेली पर मसल रहा था।

चाबी के सिरे पर लगी गोली ने आग पकड़ ली थी। टी-शर्ट वाले ने आग को फूँक मारकर बुझाया और जल्दी से कमीज वाले की हथेली पर उस गोली को गिरा दिया जहाँ तम्बाकू की एक परत बिछी थी। कमीज वाला जल्दी-जल्दी गोली को तम्बाकू के साथ मिलाकर मलने लगा। ठोस गोली गरम होने के कारण नरम हो गई थी और उसका अस्तित्व धीरे-धीरे तम्बाकू के साथ मिल रहा था। काफी देर तक मलने के बाद उस चूर्ण को एक सफेद पारदर्शी कागज पर बिछा दिया गया जिसके पीछे सिगरेट की डिब्बी से बनी फिल्टरनुमा चीज लगाई गई थी। कागज को गोल मोड़ा गया और एक किनारे

पर थूक लगाकर उसका सिरा चिपकाया गया। सिगरेट को जलाकर टी-शर्ट वाले ने तीन लम्बे कश खींचे और उसे मंटू को थमाया। मंटू ने उसे क्रान्ति की मशाल वाले अन्दाज से थामा। उन्हें उम्मीद थी कि इसी चीज से बात का कोई सिरा खुलेगा जिसे पकड़कर माहौल सहज बनाया जा सकेगा। उन्होंने पहला ही कश खींचते हुए माहौल को दोस्ताना बनाने की कोशिश की।

"बहुत सही माल है रे, कहाँ से लियाए?" वह मुस्कराकर टी-शर्ट वाले की ओर देख रहे थे। टी-शर्ट वाला जरा भी प्रभावित नहीं हुआ।

"कैलास परवत गए थे। वहीं संकर भगवान पी रहे थे, उनसे छोर लेहली।" टी-शर्ट वाला हिन्दी में संयत रहने की कोशिश कर रहा था लेकिन आक्रोश की काशिका सँभाल के बाहर चली जाती थी। वह दूसरी तरफ देखने लगा। सिगरेट जब कमीज वाले के हाथ में पहुँची तो उसने धुएँ को खींचना और बात को छोड़ना शुरू किया।

"अबे तुम्हारे बड़े भाई जइसे हैं।" उसने टी-शर्ट वाले को नैतिकता का पहाड़ा पढ़ाने की कोशिश की। टी-शर्ट वाला सामने से उठा और मंटू भइया के पास जाकर खड़ा हुआ। उनकी ओर एक अश्लील मुद्रा बनाता कमीज वाले को दिखाते हुए गुस्से से भरकर कहा, "हमार लाँड़ हँउवन।"

यह एक अपमानजक बात थी। सामने खड़ा यह उजड्ड लड़का उनके घनिष्ठ मित्र का छोटा भाई था जो शुरू-शुरू में उनके पाँव छुआ करता था और उनसे डरता था। बाद में कुछ छिटपुट बदमाशों के चक्कर में उसकी लाइन-लेंथ बिगड़ गई और वह धीरे-धीरे अपने परिवार से अलग-थलग हो गया था। उसको किसी बात के लिए कोई समझा नहीं सकता था क्योंकि वह सबके सम्पर्क से बाहर रहता था। मंटू चुपचाप गंगा की लहरों को देखने लगे जो जिनमें दूधिया रोशनी के कारण एक आनोखी चमक थी। गंगा आरती पर कैमरों के फ्लैश खटाखट चमक रहे थे। कमीज वाले ने टी-शर्ट वाले को हाथ दबाकर इशारा किया तो उसे भी लगा यह कुछ ज्यादा ही हो गया। उसे लगा गुस्से का इजहार थोड़ा दबाकर करना चाहिए। आखिर कुछ भी हो, बड़े भाई के दोस्त हैं। उसने खुद को थोड़ा नियंत्रित किया। मंटू की ओर जाकर बैठा और अब तक की सबसे सहज और मधुर आवाज में पूछा जो फिर भी कड़वी ही थी।

"कहिया?"

मंटू ने उसके ऊपर नजर डाली। उन्हें याद आया कि इस खतरनाक लड़के ने समय पर सूद या मूल न चुकाने वाले कितने ही लोगों के मुँह तोड़ डाले हैं और आँखें फोड़ डाली हैं। वह जानते थे कि वह उनके ऊपर हाथ नहीं उठाएगा लेकिन यही खयाल उन्हें परेशान करता था कि अगर हाथ नहीं उठाएगा तो क्या करेगा? उन्होंने अपने भीतर एक सिहरन भी महसूस की और कुछ कहने के लिए मुँह खोला तो पाया कि आवाज बाहर ही नहीं आई। उन्होंने दुबारा ऊँची आवाज में कहा, "सनिच्चर के।"

एक खामोशी थोड़ी देर के लिए फैल आई। घाट पर विदेशी सैलानियों की चहल-पहल जारी थी। दो चरसी अंग्रेज वहाँ से गुजरे तो माहौल की महक ने कुछ पलों के लिए उनके पैर अजगर कर दिए। उन्होंने धुएँ की दिशा में गरदन घुमाई तो टी-शर्ट वाले ने आँखों में आगे बढ़ने का इशारा किया। वह उन विदेशियों को खूब जानता था जो दशाश्वमेध घाट से खरीदी हुई बीड़ी के बदले गाँजा चरस पीने के लिए निवेदन किया करते थे। विदेशी दोस्ताना माहौल न देखकर आगे बढ़ गए। सिगरेट बारी-बारी सबके हाथों में जाती रही और धुआँ उड़ता रहा। सबकी आँखें लाल हो गईं और भारी होने लगीं। नशा पानी में रंग की तरह धीरे-धीरे घुल रहा था।

मंटू ने अब दोनों को भर नजर देखा। उनका आत्मविश्वास वापस लौट आया था। उन्होंने थोड़ी देर टी-शर्ट वाले की आँखों में देखा जो अब सहज हो गया था। गुस्से से तने स्नायुओं को उसने आराम दे दिया था और अब परिचित भाव से मंटू की ओर देख रहा था। उसकी आँखों में मंटू ने पढ़ा कि वह अब भी उनकी इज्जत करता है लेकिन उसे भी पैसों की सख्त जरूरत है। मंटू अब फॉर्म में आ गए थे और वह उससे उसी तरह मुखातिब हुए जैसे वह बतौर छात्रसंघ अध्यक्ष अवनीश कुमार सिंह 'मंटू' हुआ करते थे।

"बियहवा क्यों नहीं कर लेते बे? तुम्हारे भइया केतना परसान हैं।" उन्होंने मुस्कराते हुए पूछा। टी-शर्ट वाला न चाहते हुए भी मुस्कराया।

"काहे, अपने बरबाद हो गइला त चाहत हउवा कि हमहूँ हो जाईं?" टी-शर्ट वाले के इस बार बोलने से लगा कि यही उसका असली लहजा और आवाज है। शादी का नाम सुनते ही उसके चेहरे पर उलझन के भाव आने लगे। वह कश लम्बे लेने लगा और धुएँ को मुँह फुलाकर देर तक मुँह में रोकने लगा।

"सादी कर लो गुरू, तुम्हारे बड़े भाई जैसे हैं, इसलिए ऐसी राय दे रहे हैं जो तुम्हें दूसरा कोई झाँट नहीं देगा। पूरी दुनिया खुद सादी करके घूमत रही लेकिन जब पूछबा त कहीहन लोग कि नाहीं बे सादी मत करे, बहुत नरक चीज हौ।" मंटू भैया ने अपने स्टाइल में कहा। उन्होंने टाँगें छितरा ली थीं और आराम से टेक लेकर बैठ गए थे। कमीज वाले ने भी चर्चा में हिस्सा लिया।

"गुरू आज नहीं तो कल, करना तो पड़ेगा, बिना सादी किए जिन्दगी तो नहीं बीत सकती। बुढ़ौती बहुत नरक चीज है।" टी-शर्ट वाले ने एक नजर उसकी ओर देखा फिर एक नजर मंटू की तरफ। उसके चेहरे की उलझन और बढ़ गई।

"बै, भइया सादी कर लें तो रक्खें कहाँ मेहरारू को और खिलाएँ क्या? आप ही जइसे तो लोग हैं जो पइसा तो उठा लेते हैं लेकिन मूल त मूल, सूद देने तक में गाँड़ फटती है।" बात खत्म करते-करते वह फिर से पुराने अवतार में जाने लगा लेकिन फिर खुद को सँभाला। उसने तय किया कि यह बात खत्म होने के बाद वह फिर एक बार मंटू भैया को शनिवार को पैसे देने के लिए धमकाएगा। मंटू ने देखा कि गुस्से में ही सही, उसने उन्हें काफी समय बाद भैया कहा है।

"बेकार चीज हौ सादी-फादी।" टी-शर्ट वाले ने झल्लाहट में कहा। गो उसकी आवाज में इस बात को लेकर पूरा विश्वास नहीं था।

मंटू पर नशे का जादुई असर हुआ था। वह खड़े हो गए। उनका शरीर हल्का हो गया था। ये लोग जहाँ ऊँचाई पर बैठे थे वहाँ से घाट का नजारा काफी नीचे और दिलकश था। मंटू को लग रहा था कि वह अगर दोनों बाँहें फैलाकर नीचे कूद जाएँ तो हवा में तैरते हुए पहुँचेंगे। नशा उन पर पैराशूट की तरह हावी था। वह कुछ कदम चलकर टी-शर्ट वाले के पास गए। उनका इशारा समझकर वह उठ खड़ा हुआ। मंटू उसके कन्धे पर हाथ रखे हुए उसे किनारे पर ले आए और उड़ने का इरादा स्थगित कर उसे समझाने लगे।

"गुरू हमारी जिन्दगी के बयालीस साल गुजर गए हैं। तुमको आज जइसा लग रहा है न कि तुम दुनिया की माँ-बहिन एक कर दोगे, तुम्हारे आगे कोई नहीं है, हमको भी वइसा ही लगता था। चुनाव जीते, पूरे सहर में डंका था, लगता था हम ही हम हैं। अध्यक्ष बस एक साल के लिए रहता है लेकिन

हमको लगता था वह एक साल कभी खतमे नहीं होगा। अगले साल हम हार गए, फिर अगले साल लड़े फिर हार गए तो जइसे साला सब कुछ खतम, फिर पूरा दुनिया बेकार लगने लगा। सादी के लिए घर वाले दउड़ाए तो सादी बिना मन के कर डाले कि हेडेक खतम हो। लेकिन गुरू आज सोचते हैं तो अध्यक्षी का बहुत कम बात याद आता है और सादी का एक-एक चीज याद आता है।"

बोलते-बोलते मंटू की आवाज में भारीपन आ गया था। व्यक्तिगत बातें वह कम ही करते थे। कमीज वाला भी इस दुर्लभ मौके को सम्मान देता उनके पास खिसक आया।

"लगातार दो साल चुनाव हार गए तो पता चला कि हम एक-दो कौड़ी के पूर्व अध्यक्ष हैं जिसका बिना जोगाड़ राजनीति में दो कदम चलना मुस्किल है। हमको कोई कुछ समझता ही नहीं था। जो साले पहिले पैलगी करते थे, वे पहचनबे नहीं करते थे। हमको लगने लगा कि हमारा कोई कीमत ही नहीं है लेकिन उसी समय सादी हुई। हमको सादी से कोई उम्मीद नहीं थी गुरू लेकिन सादी के बाद जब तुम्हारी भउजाई आई तो हमको लगा कि का झाँट जइसन जिन्दगी बितावत रहला अवनीस कुमार सिंह। हमारा भी कोई कदर है, अगर से राती को बारह बजे तक हम नहीं पहुँचे तो एक मिली हमरे बदे बिना खाना खइले बइठल रही। एकर मतलब समझेला? लाँड़ समझबा तू? सादी कर ला गुरू नाहीं त जिन्दगी में कुछ हौ नाहीं।" उन्होंने अन्तिम पंक्ति जनसभा स्टाइल में कही थी।

टी-शर्ट वाला उनकी बात को गम्भीरता से सुनता रहा। "पिछली दोनों तीनों बार भी समझाए थे लेकिन ऐसे तो कभी नहीं समझाए।" वह मन ही मन सोच रहा था। मंटू अपनी बात का सकारात्मक असर देख और जोश में आ रहे थे।

"गुरू हम दोनों एक-दूसरे को देखे बिना नहीं रह पाते थे। माई-बाऊ कहे लगलन कि हो गयल एनकर नेतागिरी लेकिन बाद में देखो नगर निगम का टेंडर हमको कितना जादा मिलने लगा। नक्करऽबा सादी त कइसे जनबा कि एक दूसरे से झगड़ा करे में अउर दू दिना बिना बतियइले रहले के बाद मनावे में जवन मजा आवऽला उ अउर कउनो चीज में ना हौ।"

वह चुप हो गए थे। टी-शर्ट वाला वहीं बैठ गया था। तीनों की नजरें

कहीं दूर टिकी हुई थीं जहाँ से बीता हुआ समय गुजर रहा था। मंटू की आवाज में अब ठहराव और इत्मीनान आ गया था।

"देख रहे हो टाइम कितना तेज भाग रहा है। तुम्हारे-हमारे जैसे लोग चालीस-पैंतालीस का होने के बाद आराम चाहते हैं। चालीस के बाद गाली-गुफ्ता देवल, मारपीट करल, पुलिस से बेइज्जती करावल अच्छा ना लगऽला गुरू, यही से हम नेतागिरी छोड़ देहली। सादी करके जो लोग त्रस्त हैं उनको क्यों देख रहे हो। जिनकी सादी अच्छी चल रही है, उनको देखो। हमको देखो। गुरू एक चीज जान लो सादी में जादू है लेकिन तोहरे पल्ले जादू समझे के समझ होवे के चाही। केतने बेचारे दोस्त रहलन जो सादी के बाद हर समय मेहरारू से झगड़ही में लगऽल रहऽलन लेकिन हम लोग हमेसा एक-दूसरे के लिए टाइम निकालते रहे, एक-दूसरे को प्यार करते रहे। बेटा ए उमर में जइबा त पता चली जेतना बढ़िया टाइम बीतल हौ, या त बचपने में हौ या त फिर सादी के बाद हौ। जहाँ-जहाँ हम लोग एक साथ घूमने गए, जानते हो उसका फोटो हम लोग दुबारा बइठ के देखते हैं तो फिर से वहीं पहुँच जाते हैं। फीरी में घूम आते हैं फिर से वहीं। बच्चा होने वाला था तो क्या-क्या प्लानिंग किए थे हम लोग, और बच्चा होने के बाद जब उ हमको पहिली बार पापा बोला, तोहरे भउजाई के अम्मा कहलस। इस सब कइसे समझबा? टाइम बहुत तेज भागता है बाबू, अब देखो हमारा लउंडवा आठवीं में चला गया धीरे-धीरे। इस टाइम हम किस काम लायक रहते, कउनो नहीं। अगर हम सादी नहीं किए रहते तो हमारे हाथ में आज इस उमर में क्या रहता? बताओ। तो कुल मतलब ई कि बुढ़ौती में कउनो काम न रही करे बदे तक कम से कम परिवार त रही, समझ में आयल?" मंटू भइया एक साधारण सिगरेट सुलगाकर पी रहे थे और टी-शर्ट वाले के कन्धे पर उनका हाथ था। वह उनकी बातों से काफी प्रभावित दिख रहा था। उसे लग रहा था इस बात पर सोचने की एक और भी दिशा थी जो न उसके दिमाग में अब तक आई और न ही इसके बारे में किसी ने बताया था। कमीज वाले ने शिगूफा छोड़ा जिसे किसी ने नहीं पकड़ा।

"अभी त जवान हउवा मंटू भइया, चालीस-बयालीस कउनो उमर होला?"

टी-शर्ट वाले के मन में मंटू की बातें लगातार गूँज रही थीं।

"पहिले त एतऽरे ना समझउला भइया।" मंटू की बातों का असर उसकी आवाज और उसके लहजे से जाहिर था।

"कर लो गुरू कर लो। कई बार मेहरारू की किस्मत से अपनी किस्मत चमक जाती है।" मंटू ने उपसंहार दिया। टी-शर्ट वाला धीमे से उठा और जाने का उपक्रम करते हुए उनके पाँव छूने लगा।

"चलत हईं।" वह पलटा।

"खुस रहा।" मंटू ने आशीर्वाद दिया। टी-शर्ट वाले के पीछे जाने के लिए कमीज वाला भी उठ खड़ा हुआ। थोड़ी दूर जाकर टी-शर्ट वाला पलटा।

"पइसवा दे दा भइया, दउड़ावा मऽत। ई सूद पर पइसा वाला काम हम बन्द करब, हमें फलत ना हौ।"

"सनीच्चर के एकदम।" मंटू ने आश्वस्त किया।

दोनों सीढ़ियाँ चढ़ते हुए किसी गली में गुम हो गए। मंटू ने सिगरेट मसल कर फेंकी। उनके चेहरे पर मुस्कान थी। उन्होंने काफी पहले सोच लिया था कि जो हुआ सो हुआ, अब भी वह समाज सेवा पूरे मन और ईमानदारी से ही करेंगे। यह खयाल आने के बाद वह यह दूसरा खयाल आने से मुस्करा उठे थे कि कई लोग इसलिए भी ईमानदार रह जाते होंगे कि उन्हें मनचाही बेईमानी करने का मौका ही नहीं मिल पाता होगा।

घाट का एक पुराना साधू काफी देर से बैठा उनकी बातें सुन रहा था। उसने मंटू से चिल्लाकर कहा, "काहे बदे ओकर जिनगी बिगाड़त हउवा नेताजी?"

मंटू ने उसे एक नजर देखा और घर की ओर चल पड़े। मोबाइल में उन्होंने अपने दोस्त का नम्बर मिला लिया था ताकि उसे खुशखबरी दे सकें।

# जिन्दादिल

दोनों लड़कों की उम्र पन्द्रह-सोलह साल के आसपास रही होगी। उनमें से एक इतना गोरा था कि अंग्रेजों का वंशज लगता था। उसके होंठ लाल थे और आसमानी पैंट से उसकी टाँगें बाहर झाँक रही थीं। उसके बाल इतने भूरे थे कि लाल लग रहे थे। दूसरे लड़के की लम्बाई गोरे से कुछ ज्यादा नजर आ रही थी और वह बहुत पतला था। उसके बाल तेल लगाने के कारण चिपके नजर आ रहे थे। उसकी पैंट आसमानी न होकर काली थी और उसके चेहरे पर 'अहं ब्रह्मास्मि' का भाव पूरी गम्भीरता से चिपका था। दोनों का लक्ष्य बेनियाबाग की वो लोकल जूतों की दुकानें थीं जहाँ मोलभाव नाम की क्रिया का जीवन्त उदाहरण देखा जा सकता था।

मोलभाव एक ऐसी क्रिया थी जिसमें करने वाला और करवाने वाला दोनों अपना-अपना संकोच उठाकर सामने के ताखे पर रख देते थे और काम शुरू करते थे।

वे दोनों सुबह-सुबह दुकान खुलने के टाइम बेनिया पहुँचे थे ताकि दुकानदार बोहनी के दबाव में कम कीमत पर राजी हो जाए। दुकानें खुलने लगी थीं, कुछ खुल चुकी थीं और कुछ के शटर उठाए जा रहे थे। वे एक दुकान में घुस गए।

दुकानदार ने कई मॉडल गोरे को नपवाकर पसन्द करवाए और गोरा उन्हें थोड़ी पसन्दगी जाहिर कर खारिज करता गया। आखिर दुकानदार ने एक भरकम-सा जूता उठाकर सामने रखा जो वुडलैंड जैसे किसी बड़े ब्रांड का डुप्लीकेट मॉडल था। गोरे ने नापा और उसे काफी अच्छा महसूस हुआ।

"कितने का है?"

"अरे साहब, आप देख लीजिए, दाम का क्या है। जितना आपका ठीक लगे, दे दीजिएगा।" दुकानदार ने तीर फेंका।

दोनों राजकीय क्वींस कॉलेज में ग्यारहवीं के छात्र थे और इस कक्षा में जाते ही उन्हें अचानक अपने बड़े होने का एहसास हुआ था। इस एहसास को वे हमेशा सीने से लगाए चलते और दुनिया के लिए उनके होंठों पर व्यंग्य भरी मुस्कराहट हुआ करती थी। उन्हें लगता कि जिस तरह से वे बड़े हुए हैं, उस तरह से कोई और नहीं हुआ और जैसे-जैसे अनुभव उन्हें हो रहे हैं, वे बड़े अनूठे हैं और किसी और को नहीं होते। इस बात को उन्होंने दुनिया के पहले रहस्य की तरह लिया था और अपने आगे किसी को लगाते नहीं थे। कक्षा के अन्य छात्रों की तरह वे भी हर काम अपनी मर्जी से करना चाहते थे लेकिन उनके और अन्य छात्रों के बीच में जो आर्थिक स्थिति वाली दीवार थी वह उन्हें सब कुछ उनके जैसा करने से रोकती थी। बदतर यह कि कक्षा के कुछ बच्चे उन दोनों की जाति को लेकर भी उनका मजाक उड़ाया करते थे। गोरे के पिता एक ऑफिस में चपरासी थे और पतले के पिता की किराने की छोटी-सी दुकान थी। वे दोनों जिन पिछड़ी मानी जाने वाली जातियों से आते थे, उनमें उनके गोरे होने को लेकर बहुत सारी अपमानजनक कहावतें थीं जिन्हें लेकर गोरे ने इसके विपरीत कुछ कहावतें बनाई थीं।

कॉलेज का नया प्रिंसिपल बहुत खड़ूस माना जाता था और वह छात्रों की इस उम्र का कतई सम्मान नहीं करता था जिसमें वे खुद को बिना किसी ठोस कारण सबसे महत्त्वपूर्ण मानते थे। अब तक इंटर के छात्र यूनिफॉर्म का सम्मान करते हुए सिर्फ सफेद रंग की शर्ट पहनने भर की औपचारिकता निभाते थे और आसमानी रंग की पैंट की जगह काली पैंट या नीली जींस पहनकर चले आते थे। उनके पैरों में चप्पल हुआ करती थी और बस्ते से छुटकारा पाकर अब वे सिर्फ एक पतली-सी कॉपी मोड़कर कमर में खोंसकर चले आते थे। नए प्रिंसिपल ने इन सब पर सख्ती की थी और बिना जूते पहने छात्रों को कई बार कक्षा में औचक निरीक्षण द्वारा बेइज्जत कर बाहर निकाल दिया था। अब चप्पलें पहनकर आवारागर्दी के दिन हवा हो गए थे और अनायास ही छात्रों के बीच जूते अपनी हैसियत दिखाने का औजार बनकर उभरे थे।

मनीष रीबॉक के जूते खरीदकर लाया था और पूरी कक्षा में चर्चा का

विषय बना था। वह सबको अपने जूते दिखा रहा था और जूते की कीमत बढ़ा-चढ़ा कर बता रहा था।

"ढाई हजार?" दोस्तों ने आश्चर्य व्यक्त किया था।

"और क्या? दो हजार से तो रेंज शुरू थी जूते की। मेरा बहुत महँगा वाला नहीं है, पापा दिलवाए नहीं। हमको तो साढ़े तीन हजार वाला पसन्द आया था।

"दूसरा कलर क्यों नहीं लिये?" दिनेश ने पूछा जिसने लखानी के जूते छह सौ में खरीदे थे और किसी ने उन्हें देखने में रुचि नहीं दिखाई थी।

"यही कलर सबसे मस्त है। तुम्हारा कितने का है गुरू, किस कम्पनी का है?" मनीष ने कक्षा में प्रवेश करते विश्वनाथ से पूछा था। विश्वनाथ ने जूता पैर समेत ऊपर उठाया तो सब हैरान रह गए। वह नाइकी का जूता था और देखने में ही खासा महँगा लग रहा था।

"चार हजार। ठीक है?" उसने सामान्य भाव से पूछा और ग्रुप में सब फुसफुसाने लगे कि अब तक का कक्षा का सबसे महँगा जूता यही है। अचानक मनीष पतले की ओर पलटा और बोला, "तुम भी लखानी का क्यों नहीं खरीद लेते? दो जोड़ी खरीदोगे तो डिस्काउंट भी हो जाएगा।" उसने एक नजर गोरे की ओर डाली और फिर मुस्कराने लगा। पतला भी बदले में मुस्कराया। गोरा उग्र होकर कुछ कहने वाला था लेकिन अपने पैरों की ओर देखकर और पतले की मुस्कान देखकर काफी कुछ सीखता था। पतला अपनी उम्र से काफी अधिक सन्तुलित रहता था नहीं तो गोरे का बस चलता तो हर रोज दो-तीन झगड़े वह मोल लेता।

गोरे को मालूम है कि वुडलैंड का यह मॉडल बाजार में ढाई हजार का है, लेकिन यह उसका पाइरेटेड वर्जन है। पाइरेसी के इस दौर में इनसानों के पाइरेटेड वर्जन मिलना कोई आश्चर्य की बात नहीं तो जूते-फूते किस खेत की मूली हैं। इस डुप्लीकेट जूते की नाप लेने और उसे अपने लिए सही पाने के बाद गोरा इस मुद्रा में आ जाता है कि अब इसे खरीदने के लिए एक लम्बी लड़ाई लड़नी है। यह प्रक्रिया और इसके पैंतरे वे लोग कतई नहीं समझ सकते जो मॉल या शोरूम में जाकर प्राइस टैग देखकर एक बार में कपड़े या जूते खरीद लेते हैं। यह एक ऐसा जटिल आनन्द है जिसका भोग 'एक दाम' लिखी हुई दुकानों पर जाने वाले लोग कभी नहीं कर सकते।

पतला फिर से दाम पूछता है, "कितने का है?"

दुकानदार बेफिक्री से बाहर की ओर देखता है जहाँ से एक ओवरलोड रिक्शा जा रहा है जिस पर एक मोटी महिला और एक मोटा आदमी बैठे हैं। उन दोनों के बीच में चौदह-पन्द्रह साल का एक लड़का खड़ा है जो सम्भवत: उन दोनों का लड़का है और माँ-बाप के मोटेपन की वजह से उसे बैठने का स्पेस नहीं मिल पाया है। वह बेनिया की सड़क पर लगे जाम से झल्ला रहा है और उसके शरीर की बनावट बता रही है कि वह भी अगले पाँच-सात सालों में अच्छा-खासा मोटा हो जाएगा। इस दृश्य को सम्पूर्णता में देखता हुआ दुकानदार बेफिक्री से जूते का प्राइस टैग मुँह से उछालता है, "आठ सौ।"

गोरा हँसने लगता है गोया उसने कोई चुटकुला सुन लिया हो। पतला मुस्कराकर अपनी हँसी को थोड़ी देर बाद के लिए स्थगित कर देता है। दुकानदार ऐसी नजर से दोनों को देखता है जैसे वे अभी-अभी चिड़ियाघर से छूटकर आए हों और उन्हें जूते पहनने तो क्या उनकी कीमतों के बारे में अन्दाजा लगाने का भी हक नहीं।

आवारागर्दी में गोरा और पतला दोनों अव्वल रहना चाहते थे लेकिन प्रतिस्पर्द्धा बहुत कड़ी थी। इसके लिए आर्थिक दृष्टि से मजबूत होना बहुत जरूरी था और दोनों यहाँ थोड़े कमजोर पड़ते थे लेकिन उनका कमाल यह था कि उनका मनोबल पूरी दुनिया से अधिक रहता था। वे दो होकर मुकम्मल थे और छठवीं कक्षा से, जहाँ उनकी दोस्ती हुई थी, लेकर आज तक उन्हें किसी तीसरे की जरूरत नहीं पड़ी थी। पतला गोरे के प्रति दोस्ती के साथ वात्सल्य भाव से भरा रहता था तो गोरा उसे दोस्त के साथ फिलॉसफर और गाइड भी मानता था। पतले का कहना था कि दुनिया दो भागों में बँटी है और कक्षा के ज्यादातर छात्र, अध्यापक और यहाँ तक कि प्रिंसिपल भी दूसरी तरफ वाले हिस्से में हैं। उन्होंने हमें हमेशा पीछे रखने की कोशिश की है और अब भी उन्हें हमारा उनकी बराबरी में खड़े होना मंज़ूर नहीं है। गोरा अपने लिए अपमानजनक बातें सुनकर, जो कि कक्षा में सहज उपलब्ध थीं, तुरन्त हाथ छोड़ देता था और बाद में दुश्मनों की संख्या अधिक होने के कारण पिटता था। पहले हाथ छोड़ने के कारण अध्यापक भी उसके खिलाफ खड़े होते जो दरअसल उन्हें वैसे भी होना ही था। पतले की सलाहों से अब गोरा पहले से बहुत संयमित

हो गया था। पतला कहता था कि वे हमें भड़काने और उकसाने के लिए ही ये सब करते हैं। अगर हम उन्हें भाव ही न दें और उनके सवालों के हिसाब से जवाब दें तो ही उनका मुकाबला कर सकते हैं। गालियों के बदले गालियाँ और कहावतों के बदले कहावतें मारकर गोरे ने महसूस किया था कि आपा न खोकर उन्हीं के तरीके से उनका विरोध करने में अद्भुत शक्ति है। गोरे ने महसूस किया था जब से वह उनके मजाकों पर सहज रहता है और उनके तरीकों से ही उनके जवाब देता है, कक्षा के कई लड़के जो पहले किसी पक्ष में नहीं रहते थे, धीरे-धीरे उनका पक्ष लेने लगे हैं। जूतों को लेकर चल रहे मजाकों में भी गोरे ने तानों को हँसकर उड़ा दिया था। उनके सभी बड़बोले दोस्तों ने महँगे जूते खरीद लिये थे और इस बात पर उनकी खिंचाई कर रहे थे कि उनके पास जूते खरीदने के पैसे नहीं हैं तो वे कुछ पुराने जूते उधार ले सकते हैं।

"बोलो कै जूता चाहिए?" मनोज ने कहा था और खूब हँसा था।

"तू बता तोके कै चप्पल चाही, तोरे जूतवा से हमार चप्पलवा बरियार हौ।" गोरे ने कहा था और कोई धीरे से फुसफुसाया था, "बाऊ से बनवइले हौ का?" गोरे ने उस दिन आपा खो दिया था और हाथ छोड़ दिया था। धीरे-धीरे अच्छी-खासी संख्या में लड़के लड़ने लगे थे और प्रिंसिपल ने आकर हस्तक्षेप किया था। हस्तक्षेप करने का अर्थ बिना पूरी बात सुने गोरे को पीट देना था। पतले ने बाद में समझाया था कि ऐसे हर समय उग्र रहकर वह अपने ऊपर लोगों को हावी होने का मौका देता है। गोरे ने मन ही मन निश्चय किया कि अब वह अधिक से अधिक पतले के रास्ते को अपनाएगा। हालाँकि उसे छेड़ने और उसका मजाक उड़ाने वाले लड़के यही चाहते थे कि वह हाथ उठाए ताकि उन सबको मिलकर उसे पीटने का मौका मिल जाए।

"क्या हुआ?" दुकानदार गम्भीर मुद्रा बनाकर ग्राहक से पूछता है ताकि दोनों ग्राहकों को अपनी गलती का एहसास हो। ये ग्राहक ऐसी दुकानों पर कोई पहली बार नहीं आए। इस बार गोरा दुकानदार से भी अधिक गम्भीर मुद्रा बनाकर कहता है, "देने वाला बताओ गुरू।"

अब दुकानदार भी गम्भीर हो जाता है। उसे पता है कि उसकी यह कीमत नहीं मानी गई है। वह अब कीमत कम करने के लिए तैयार हो गया

है। खेल अपने दूसरे चरण में पहुँच चुका है। लेकिन वह गेंद ग्राहकों के पाले में डालकर अन्दाजा लगाना चाहता है कि ये ग्राहक वाकई जूते खरीदेंगे भी या फिर उसका वक्त बर्बाद करने की नीयत से आए हैं।

"आप अपना बताइए।" वह ग्राहक से कहता है। ग्राहक कोई कच्चा खिलाड़ी नहीं है। वह गेंद वापस उसके पाले में लौटा देता है।

"क्या बताएँ अइसा बोल दिए हो तुम कि...सही बताओ, दो ठो लेना है। एक दाम बताओ।" गोरा इतना बोलकर पतले की ओर देखता है। पतला आँखों से हामी भरता है कि उसे भी लेना है लेकिन वह पहले गोरे वाले को दिलवा रहा है। उसके चेहरे पर सीनियर होने का भाव है। दुकानदार के लिए मौका अब बहुत नाजुक है। उसे ऐसी कीमत बोलनी है कि ग्राहक भड़ककर उठ न जाए और न ही एकदम हल्के में ले ले।

"ले लीजिए आपके लिए सौ रुपया कम कर दे रहे हैं।" दुकानदार अहसान जताने वाली मुद्रा में कहता है।

गोरे के चेहरे पर अब पहले से भी अधिक गम्भीरता आ गई है। वह एक पल को सोचता है फिर ठंडी साँस भर कर कहता है, "दो सौ देंगे।" यह बोलते हुए उसके मन के भीतर एक डर-सा उठता है कि दुकानदार क्या प्रतिक्रिया देगा लेकिन उसे पता है कि यहाँ मोलभाव ऐसे ही होता है।

अब हँसने की बारी दुकानदार की है। "अरे भइया, चार सौ तो खरीद है हमारी।" दुकानदार के यह कहने से यह तय हो गया है कि जूता चार सौ से कम में जाएगा। वह कहता है।

"अरे हम सब जान रहे हैं खरीद-ओरीद। ढाई सौ देंगे, बोलो।"

"चलिए न आपका न मेरा, पाँच सौ।"

"नहीं गुरू, जादा है।" अब पतला मोर्चा सँभालता है। उसके बोलने में दुकानदार के लिए एक आश्वस्ति होती है और वह समझ जाता है कि यह ग्राहक जूते खरीदेगा तो जरूर लेकिन अभी थोड़ी और हुज्जत करनी पड़ेगी।

"अपना बताइए फाइनल, सुबह-सुबह का समय है।" दुकानदार यह दोनों आपस में पूरी तरह से सम्बद्ध बातें कहकर ठंडी साँस लेकर बैठ जाता है और चुपचाप ग्राहक की आँखों में देखता रहता है। अब वह आरपार की लड़ाई के मूड में है।

"क्या बताएँ यार, इतना बोल रहे हो तुम।" इतना कहकर पतला कुछ सोचने का अभिनय करता है जैसे उसे जूतों की सारी वेराइटियों के बारे में पता है और वह अन्दाजा लगाना चाहता है कि इसकी वाजिब कीमत क्या होनी चाहिए।

"चलो तीन सौ ले लेना।" वह कहता है और जूते अपनी ओर खींच लेता है। दुकानदार जूते उसके हाथों से लगभग खींचता हुआ कहता है, "अरे भइया, मॉडल देखिए। यही चीज वुडलैंड में लेने जाएँगे तो दू-ढाई हजार से कम का नहीं मिलेगा।"

"अरे वुडलैंड वुडलैंड है यार।" ग्राहक ब्रांड की महत्ता स्थापित कर उसके ब्रांड को एहसास-ए-कमतरी कराना चाहता है जिसे दुकानदार सिरे से नकार देता है।

"अरे कुछ नहीं है खाली एक ठो नाम चिपका दिया है। हमारा उससे कम मजबूत है क्या, चल के देखिए।" वह ग्राहक को पहनकर चलने की सलाह देता है जिसकी ओर ग्राहक ध्यान नहीं देता। "चलिए साढ़े तीन सौ दे दीजिए, अन्तिम दाम।" दुकानदार की भंगिमा से जाहिर है कि अब इससे कम वह नहीं करेगा।

पतला सवा तीन सौ कहकर अपनी तरह से अन्तिम बोली लगाना चाहता है लेकिन अचानक गोरे को लगता है कि वे लोग पहले ही काफी छूट दे चुके हैं और तीन सौ की बोली से ज्यादा एक पैसा कीमत नहीं होनी चाहिए। वह पतले की कलाई दबा देता है और आगे बढ़कर फिर से कमान अपने हाथ में ले लेता है।

"जाए दा गुरू, हमहने के पल्ले एतना पइसा ना हौ। तीन-तीन सौ इस्टीमेट सोचल गयल रहल।" गोरा इस हरकत से दो काम करना चाहता है। एक तो अपने पुराने शहरी होने की धौंस देना चाहता है और दूसरे उठने की भंगिमा से दुकानदार को जाहिर करना चाहता है कि अब वह कीमत नहीं बढ़ाएगा।

"चल बे, दूसरे दुकान में देखते हैं।" उसने उठते हुए पतले-से इतनी धीमी आवाज में कहा है कि दुकानदार भी सुन सके। वह समझ गया है कि ग्राहकों ने तीन सौ से अधिक न देने का मन बना लिया है। फिर भी वह एक आखिरी कोशिश करता है।

"तीन-तीन सौ है तो ये वाला ले लीजिए, ये भी बहुत मजबूत है।" वह बगल में पड़ा एक जूता उठाता है जो इस जूते के थोड़ी देर पहले ग्राहकों ने नापा था और उन्हें पसन्द भी आया था लेकिन चमड़ा बहुत कड़े होने की बात कहकर उसे खारिज कर दिया गया था।

"नहीं गुरू, ये तो दू सौ से ज्यादे का नहीं है।" गोरा दुकान के बाहर आ चुका है। पतला चुपचाप मुस्करा रहा है। दोनों दुकान से निकलकर दो कदम चल चुके हैं और अगली दुकान के सामने पहुँचने वाले हैं। अब दुकानदार ऊँची आवाज में कहता है, "अच्छा आइए, तीन सौ दस दे के ले जाइए, बोहनी का टाइम है।" गोरा मुस्कराया है, उसे अपने सही अन्दाजे पर गर्व होता है। वह पलटता है और उसी गर्व से बोलता है, "एक दाम।" दुकानदार जूते को उठाकर हवा में फेंककर कैच करता है और हथियार डाल चुकने वाले अन्दाज में कहता है, "आइए।"

दोनों फिर से उसी मुद्रा में बेंच पर बैठे हैं और गोरे ने एक बार फिर से जूते को पहनकर देखा है। उसे नाप सही आई है! अचानक उसकी नजर जूते की कम्पनी के नाम पर पड़ने लगती है। वह हँसने लगता है।

"नोकिया कब से जूता बनाने लगी?" पतला भी उठाकर कम्पनी का नाम पढ़ता है और हँसने लगता है। दुकानदार मुस्कराता हुआ पतले के पाँवों के साइज के जूते निकालने में लगा है। लोकल कम्पनी के जूतों के नाम अजीब होते हैं, नोकिया, सैमसंग, पारले, गोदरेज, ओनिडा इत्यादि।

पतले के जूतों के लिए अधिक मोलभाव नहीं करना पड़ता क्योंकि दुकानदार ग्राहकों के बारे में समझ चुका है। पतला भी अपने लिए जूते पसन्द कर लेता है। कम्पनी का नाम पढ़कर दोनों फिर एक बार हँसते हैं।

दोनों जब दो पीरियड खत्म होने के बाद स्कूल पहुँचते हैं तो पता चलता है कि तीसरा पीरियड खाली है और रणवीर ने अपने लिए एक जूता लिया है, सभी उसके आसपास घेरा बनाए उसके जूते की विशेषता देख रहे हैं।

"ये फुटबॉल खेलने वाले लोग खरीदते हैं। खिलाड़ियों के लिए बना जूता है, इसलिए इतना महँगा है।" रणवीर बता रहा है। दोनों चुपचाप उछलकर बगल वाली डेस्क पर बैठ जाते हैं। उनके पैर लटके हुए हैं और दोनों के पैरों में नए जूते सुशोभित हो रहे हैं। बगल वाली डेस्क पर रणवीर बैठा है और

उसके सामने वाली बेंच पर बाकी लोग बैठे उसके जूते को मंत्रमुग्ध भाव से निहार रहे हैं। अचानक उनकी नजर इन दोनों पर पड़ती है। मनीष मुस्करा उठता है। वह इन दोनों की खिंचाई का कोई मौका नहीं छोड़ता। दोनों के पाँवों में जूते देखकर वह खुश हो जाता है कि आज बहुत अच्छा मनोरंजन होगा। वह पास आकर झुकता है और गोरे के जूते का ब्रांड पढ़ता है, "नोकिया... वाह क्या बात है। और तुम्हारा कौन सा है बे?" वह पतले के सामने झुकता है और उसके जूते का ब्रांडनेम पढ़ता है, "कैडबरी...हाहहाहाह, क्या शानदार जूता खरीदे तुम लोग गुरू।" वह हँसने लगा है। बाकी लोग भी रणवीर की तरफ से उठकर उनके सामने वाली बेंच पर इकट्ठा हो रहे हैं। उन दोनों ने जूते खरीद लिये हैं, ये बड़ी खबर है। चप्पल पहनकर आने की वजह से कक्षा में से प्रिंसिपल द्वारा सबसे ज्यादा बार यही दोनों बाहर निकाले गए हैं।

गोरे ने मुस्कराकर पतले की ओर देखा है। उनके घर में पैसों की कमी है, उनके भीतर जीवन की कमी नहीं है। रणवीर भीड़ अपने पास से हट जाने की वजह से नाराज-सा है। वह आकर अपने हाथ से गोरे का जूते समेत एक पाँव उठाता है और झटके से छोड़ देता है।

"नोकिया जूता कब से बनाने लगी बे?" वह अट्टहास करता है। दोनों चुप रहते हैं। बाकी लोग भी हँसने लगते हैं। गोरे को थोड़ा गुस्सा आ रहा है लेकिन वह पतले का इन्तजार कर रहा है। रणवीर हँसकर चुप होता है तो पतला मुस्कराता हुआ कहता है, "अबे ये सामान्य जूता नहीं है, इससे और भी कई काम हो सकता है।" सब थोड़ी देर के लिए चुप हो जाते हैं। जूते से भला और कौन सा काम हो सकता है। तब तक गोरा अपनी एक टाँग ऊपर उठा चुका है। वह अपनी टाँग मनीष के कन्धे के ऊपर से उठाता है और जूता उसके कान से सटा देता है, "अबे ये नोकिया का जूता है, जब तक मन करे पहिनो और जब मन करे कान से लगाकर घर पर बात कर लो।" मनीष हड़बड़ा गया है और उसके जूते को जोर से झटका है। गोरे का सन्तुलन थोड़ा बिगड़ा तो है लेकिन उसने खुद को सँभाल लिया है। वह हँस रहा है। तभी पतले ने रणवीर के मुँह के सामने जूता लहराते हुए अपने जूते की विशेषता बताई है, "ये कैडबरी का जूता है, पहिने हो तो पहिने रहो और भूख लगे तो निकालकर खा लो।" रणवीर अपने मुँह के सामने से जूते को हटाता है। मनीष और रणवीर के साथ हँस रहे सब लड़के अब उन दोनों के

ऊपर हँसने लगे हैं। गोरा अट्टहास करता हुआ हँस रहा है और पतले की हँसी में मुस्कराहट ज्यादा है।

इतनी हँसी सुनकर दूसरी कक्षा के बच्चे भी आ जाते हैं और पूरी बात जानकर मनीष और रणवीर के ऊपर हँसने लगते हैं। पूरा कमरा हँसी से गूँज रहा है। मनीष और रणवीर भी थोड़ी देर खिसियानी हँसी हँसने के बाद कमरे से चुपचाप बाहर जा रहे हैं।

हँसी की आवाजें धीरे-धीरे बढ़ती जा रही हैं। थोड़ी देर में लगने लगता है कि पूरा स्कूल हँस रहा है।

# मारण मंत्र

उम्र के अभिनय उम्र के साथ सीखे जाते हैं।

उम्र का दुनिया से कुछ ऐसा जटिल रिश्ता है कि इस सफर में भीतर कुछ बदले या न बदले, बाहर के बदलावों के हिसाब से भीतर भी बदल रहा है, ऐसा बराबर जाहिर करना पड़ता है। सत्ताइस से सैंतीस या फिर सैंतीस से पैतालिस तक दुनिया के बनाए खाँचों में खुद को डालकर बताना पड़ता है कि मैं भी सबकी तरह बदलाव महसूस कर रहा हूँ। सारी कवायदें, सारी रस्में और सारे तामझाम इसी बात को मनवाने के लिए बनाए गए हैं वरना ये इतनी छोटी-सी मामूली बात है जो एक वाक्य में कहकर समाप्त की जा सकती है कि मैं ये बताते हुए बेहद शर्मिंदा महसूस कर रहा हूँ कि जो मैं अट्ठाइस साल पहले तक सोचता था, आज भी कुछ अनुभव और सबक पाने के बावजूद कमोबेश वैसा ही सोचता हूँ। लेकिन ऐसा कहने वाले को उसके आसपास के लोग यह महसूस करवाने में कोई कमी नहीं छोड़ते कि उसने जिन्दगी के फलाँ-फलाँ अनुभव नहीं लिये इसलिए वह इस तरह की बहकी-बहकी बातें कर रहा है, बदलाव ही प्रकृति का नियम है और जिस तरह बाल सफेद होते हैं और त्वचा पर झुर्रियाँ पड़ती हैं, उस तरह मन की परतों पर भी जरूर झुर्रियाँ पड़ती होंगी। इसी तरह हर कोई 'होंगी' वाले रथ पर सवार अपने जीवन के रास्तों को उसी तरह काटता है जैसा वह आसपास के लोगों को देखता है। कोई बिरला ही ऐसा होता है जो किसी 'होगा' या 'होंगी' वाले क़यास पर ध्यान न देकर किसी एक क्षण में अपने जीवन का कोई अलग फैसला लेता है और पूरे संसार से अलग दिखने का खतरा उठाते हुए भी जीवन भर उस पर कायम रहता है। मानिक की उम्र में वह क्षण सत्रह की उम्र में आया था जो वैसे तो कई महीनों में विस्तारित था लेकिन किसी एक खास क्षण को

पकड़ने की कोशिश करें तो वह ऐसे समय आया था जब वह इसकी बिलकुल उम्मीद नहीं कर सकता था।

मानिक अपने दोस्तों के साथ गिल्ली-डंडा खेल रहा था। खेल के शहंशाह एक समवय दोस्त ने मारा तो गिल्ली बहुत दूर जाकर गिरी। वहाँ दूर तक घनी झाड़ियाँ और आम व कदम वगैरह के पेड़ थे। मानिक ही सबसे फुर्तीला था और झाड़ियों में गिल्ली खोजने की जिम्मेदारी उसी पर थी। वह तेजी से दौड़ता हुआ झाड़ियों में गुम हो गया था। दोस्त इन्तजार में बीड़ी जलाने लगे जो उन्होंने अपने बुजुर्गों से बतौर विरासत हासिल किया था।

मानिक जैसे ही झाड़ियों में दस कदम गया होगा, सामने शुभी खड़ी थी। शुभावती का शुभी उसने खुद कर लिया था और अपनी दुनिया में अपनी शुभी से खूब सारी बातें करता था। सिलसिला आगे बढ़कर इतना आ गया था कि उसके जाने वाले रास्तों पर लगातार मुस्तैदी से खड़े रहकर मानिक ने बिना कुछ बोले ये जाहिर कर दिया था कि वह रास्ते में नहीं रास्ते से गुजरने वाली में दिलचस्पी रखता है। इधर कुछ दिनों में आखिरेक बार में तो उसे शुभी के मुस्कराने का भी भ्रम हुआ था। वह शुभी के पाठशाला से लौटने के समय नहर वाली सड़क पर साइकिल चला रहा था। वह चलती हुई आती तो उसके सामने से साइकिल निकालता और उसे जी भर करीब से देखता। उस दिन जब मोड़ पर उसे शुभी दिखाई थी, उसने उसकी तरफ साइकिल चलाना शुरू किया। जैसे ही वह शुभी के नजदीक पहुँचने वाला था, उसकी साइकिल की चेन अजीब-सी करकर की आवाज करती हुई पहले फँसी फिर कट्ट की आवाज के साथ टूट गई। शुभी पलटी थी तो दोनों की आँखें अचानक एक दूसरे से टकरा गई थीं। शुभी कुछ इस तरह सकुचाई जैसे दोनों की मचलती देहें एक दूसरे से छू गई हों। उसके पूरे शरीर में एक मीठी सिहरन-सी उठी थी और वह मुस्करा दी थी। एक पैर जमीन पर टिकाकर बिगड़ी साइकिल पर खड़ा मानिक पत्थर हो गया था। अब उसे फिर से इनसान बनाने के लिए शुभी के स्पर्श की जरूरत थी।

मानिक को उसकी मुस्कराहट याद आई जो पिछले दो-तीन दिन से उसके साथ है। उसने गौर से शुभी को देखा। उसे लग रहा था कि वह कोई समय यात्री है जो एक समय से दूसरे समय में तैर रहा है। यह विचार

पूरी जिन्दगी में उसे पहली बार आया था और फिर अक्सर आने लगा। सिर्फ एक इस विचार को जी कर वह दूसरों से अलग हो गया। उसके दोस्त और उसका पूरा कस्बा एक तयशुदा तरह से बढ़ा लेकिन वह थोड़ा दूसरे तरीके से बड़ा होने लगा था। उसने अपने आप को कुछ इस तरह औरों से अलग मानना शुरू कर दिया था जिसका विश्वास उसे खुद ही कम हुआ करता था।

उसे लगा अपने प्यार को सामने पाकर प्रेमी का दिमाग अपने सबसे तीव्रतम आवेग के साथ काम करता है और 'क्या करना चाहिए' जैसे सवालों का जवाब विचारों के उस भँवर से ढूँढ़ना बेहद मुश्किल होता है। उसने एक बार, दो बार, तीन बार अपनी नजरें शुभी से हटाने की कोशिश की लेकिन उसकी नजरें फिलवक्त उसके मन का हाल शारीरिक गतिविधियों के जरिये बताने की मुहिम पर थीं। उसने सोचा कि पलटे और वापस चला जाए लेकिन यह विकल्प मौजूद सभी विकल्पों में सबसे कमजोर था। शुभी चुपचाप खड़ी थी और उसके कन्धे के पीछे दूर झाड़ियों के बाहर उसके पक्के घर की पीली दीवार दिख रही थी। उसने मन कड़ा किया और आगे बढ़कर शुभी का हाथ थाम लिया। शुभी ने झटके से हाथ छुड़ाया और दो कदम बढ़कर उसकी ओर पीठ कर खड़ी हो गई। वह एक-दो पल इन्तजार करने के बाद उसकी ओर बढ़ा और उसके कन्धे सहलाने लगा।

"हमारी...साइकिल...ठीक हो गई।" उसने शुभी के कान में धीरे से कहा। उसके बोलने से शुभी के कान पर हल्की हवा उड़ी और शुभी ने एक लम्बी साँस ली। वह शुभी के कन्धों को सहलाता हुआ उसकी बाँहों को सहलाता हुआ नीचे उसकी हथेलियों तक आया और उसकी हथेलियाँ पकड़ लीं।

"ऊँ...?" शुभी ने बात नहीं सुनी क्योंकि वह बात से उड़ने वाली भाप में खो गई थी।

"हमारी साइकिल...वो ठीक हो गई।"

"हूँ...।" शुभी ने आँखें बन्द कर खुद को थोड़ा पीछे धकेलते, खुद को मानिक से सटाते हुए नशीली आवाज में कहा।

"यहाँ क्या...करने...आई?" मानिक ने माहौल को सहज बनाने की अपनी कोशिश के जरिये यह सवाल पूछा और शुभी की गरदन के पीछे चूम

लिया। शुभी सिहर गई। वह भी उसकी कोशिश में साथ देना चाहती थी इसलिए उसने जवाब दिया।

"हम कदम...तोड़ रहे थे। एक ढेला मारे...तो एक कदम...टूटकर इधर ही गिरा।"

शुभी ने छोटी-सी बात कहने में खासा वक्त लिया। मानिक ने जैसे ही उसकी पीठ पर कपड़े के ऊपर से चूमा, वह मचलकर पलट गई और उससे लिपट गई। सब कुछ इतनी तेजी से हो रहा था जिस गति से मानिक सपने में भी नहीं देख पाता था। पहले तो उसे लगा यह किसी और समय में घटित हुआ है और अभी वे दोनों सिर्फ किसी की बातों में इसे दोहरा रहे हैं लेकिन मानिक अब इसे जहाँ तक जा सके, पूरा करना चाहता था। यही हालत शुभी की भी थी। उसने खुद को उस क्षण की खुशनसीबी पर छोड़ दिया था। मानिक ने उसका चेहरा सामने किया और दोस्तों से अर्जित किए गए ज्ञान की पीठ पर सवार होकर अपने होंठों को उसके होंठों की ओर ले चला। ये सफर वैसे तो कुछ क्षणों का था लेकिन मानिक के होंठों से इसकी मियाद पूछी जा सकती थी। एक-एक मिलीसेंटीमीटर चलने में मानिक के होंठों को बहुत समय लग रहा था। शुभी उसे पसन्द करती है या नहीं, इस बात को लेकर उसके भीतर बहुत ऊहापोह चलती रहती थी लेकिन उस क्षण में शुभी की बन्द आँखों ने उसे बताया कि वह उसे खुद से भी ज्यादा प्यार करती है और उससे कहीं अधिक भरोसा करती है। कई सदियों का सफर तय करके जब उसके होंठ शुभी के होंठों से टकराए तो मानिक को एक साथ कई नदियों के समन्दर में गिरने की आवाज आई। उसे उसी क्षण पता चला कि दुनिया में सभी स्वाद सिर्फ खट्टे-मीठे या कड़वे नहीं होते, बहुत कुछ ऐसा है जिसे सिर्फ वही महसूस करेगा जिसके हिस्से में वो नेमत आती है। मानिक के होंठ शुभी के होंठों को चूम रहे थे और उसी पल शुभी ने मानिक के होंठों को अपने होंठों में भरने की कोशिश की। न तो मानिक को इस तरह होंठों को होंठ में भरने के बारे में कोई जानकारी थी और न ही शुभी ने पहले कभी ऐसी कोई कल्पना की थी लेकिन यह एक ऐसा क्षण था जिसमें प्रकृति भीतर समाहित होकर स्वयं अपने कदम उठाती है। मानिक शुभी के इस कदम से जितना सिहर उठा था उससे कहीं अधिक तेज शुभी के कलेजे से धक-धक की आवाज आ रही थी। आगे क्या होगा, इसका अन्दाजा दोनों में से किसी को नहीं था और दोनों

ही अगले क्षण होने वाली घटना का इन्तजार कर रहे थे लेकिन तभी अचानक दो घटनाएँ और हुईं, लगभग एक साथ। शुभी के घर से उसकी माँ की तेज पुकार आई जिसमें गुस्सा और झुँझलाहट थी और दूसरी तरफ मानिक का सबसे घनिष्ठ दोस्त सम्पत उसके नाम में गालियों का विशेषण जोड़ता झाड़ियों में प्रकट हुआ। सम्पत के सामने उसके वयस्क जीवन का अब तक का सबसे हैरतअंगेज दृश्य मौजूद था। उसका सबसे अजीज दोस्त एक लड़की की बाँहों की गिरफ्त में फँसा उसके होंठ चूम रहा था। ठीक उसी पल ये तय हो गया था कि ये दृश्य जिन्दगी भर उसकी यादों का हिस्सा होगा और जब वह पूरी उम्र काट कर दुनिया-ए-फानी से रुखसत हो रहा होगा तो पूरी जिन्दगी के जो दो-चार खास पल बन्द होती आँखों से गुजरेंगे, उनमें ये शीर्ष तीन में तो रहेगा ही रहेगा। इधर दो जोड़ी होंठ इस एहसास के साथ अलग हो गए थे कि अभी कुछ और खास होना बचा था जो पूरा नहीं हो पाया। दोनों प्यासे होंठ अपनी-अपनी दिशाओं में घूम गए तो धीमी गति में चल रहा दृश्य गतिमान हुआ। मानिक तुरन्त सम्पत का हाथ पकड़कर झाड़ियों से बाहर हो गया और शुभी वहाँ से एक-दो कदम बतौर सबूत बीनकर तेज कदमों से घर की ओर भागी।

सम्पत और मानिक बचपन के दोस्त थे और बचपन में उनकी दोस्ती की सबसे अहम कड़ी ये थी कि दोनों साथ में तालाब में मेढक मारा करते थे। गाँव में कोई सनकी बाबा था जो बच्चों को एक मेढक के पीछे चवन्नी दिया करता था। उस जमाने में सम्पत और मानिक इस नए धन्धे में ढेर सारा पैसा कमाकर सभी दोस्तों से आगे थे। इस उम्र में अब सम्पत और मानिक के बीच शराब बची है जो मानिक अकेला होने के कारण कभी भी पी सकता है और सम्पत को चौबीस से बहत्तर घंटे की बीवी की नाराजगी झेलनी पड़ती है। सम्पत रोज नहीं पीता लेकिन उसको इतना अधिक पीने की आदत पड़ी हुई है कि जब भी पीता है, उस रात को अपनी याददाश्त से बाहर कर देना पहली शर्त मानता है। शराब रात के आनन्द के बाद सुबह उसे बेहद कष्ट देती है जिसके इलाज के लिए वह दारू लाने के साथ तीन-चार नीबू जरूर लाता है। सुबह के लिए नीबू वह खुद बचा लेता है क्योंकि उसे पता है कि सुबह के भयानक सिरदर्द का इलाज या तो महँगी शराब है या फिर नीबू।

पहली बार मानिक ने अठारह की उम्र में तब पी थी जब शुभी की शादी हो रही थी और सम्पत दूर खेत में बनी एक अँधेरी मचान पर शराब की बोतल

खोले बैठा उसे जाति-बिरादरी और औकात जैसे शब्दों का अर्थ बता रहा था। पहले तो कुछ दिन उसके दिमाग में विध्वंसक और क्रूर विचार आए लेकिन एक दिन अचानक एक मामूली-से दृश्य ने उसे रूमी बना दिया। उसके मन में एक खयाल समय के मखमली पंख पर बैठकर आया कि जिसे प्रेम करो, उसकी खुशी से बड़ा कुछ नहीं। उसका मिल जाना भी एक बड़ा मसला है लेकिन अगर वो आपको नहीं मिली तो भी आप जो कर सकते हैं वो है उसकी खुशी का खयाल। मानिक ने फिर अपने घर वालों के सामने हमेशा के लिए बिना शादी रहने का ऐलान कर दिया। पहले इसे किसी आम किशोर का फितूर समझा गया लेकिन पैंतीस साल की उम्र हो जाने तक जब वह अपनी भीष्मनुमा प्रतिज्ञा पर डटा रहा तो उसके माता-पिता ने अपनी जिद भूल जाने में भलाई समझी। वे उम्र के उस पड़ाव पर थे जहाँ बिना बहुत कुछ बोले कहे भी चीजें समझ में आ जाती हैं। बाप ने मरते हुए उसका हाथ पकड़ा था और कहा था, "बेटा, मैं नहीं जानता तेरा शादी नहीं करने का फैसला सही साबित होगा या गलत लेकिन मैं इतना जरूर कहूँगा कि अब तक अगर तूने शादी नहीं की है तो आगे तो मत ही करना।" उनके मरने के कुछ समय बाद माँ भी चली गई और मानिक का संकल्प और दृढ़ हो गया। समय गुजरने के साथ उसके दोस्तों के ओहदे में पति और फिर बाप नाम की तरक्की हुई लेकिन मानिक का चूल्हा चालू ढाबों और धूल उड़ती हलवाई की दुकानों पर ही निर्भर रहा।

इस अधूरे चुम्बन के अलावा उसकी पूरी उम्र में एक और बात याद रखने लायक थी वो ये कि बाबाओं के लिए पगलाए इस गाँव में उसकी दुनिया उजड़ने से कुछ ही समय बाद एक अनोखा बाबा आया था जो शुभी के बाद उसके जीवन की दूसरी महत्त्वपूर्ण घटना बना था। शुभी की शादी को कुछ ही महीने गुजरे थे और मानिक की मानसिक हालत अजीब-सी थी। उसका नाम खड़ेश्वरी बाबा था। वह खाता, हगता, नहाता, सोता सब खड़े-खड़े था। किशोर रातों को छिपकर उसके तम्बू में झाँकने जाते, इस विश्वास के साथ कि अकेले में वह जरूर बिस्तर पर टिक जाया करता होगा। लेकिन हर बार लड़कों को निराशा हुई क्योंकि बाबा खड़े-खड़े नींद ले रहा होता था। गिरने से बचने के लिए वह अपनी लम्बी चोटी को पास की दीवार से बाँध दिया करता था। लड़के आखिरकार गाँव वालों की तरह उसके भक्त हो गए। मानिक को सम्पत उस बाबा के पास ले गया था। बाबा ने मानिक को देखते

ही गले लगा लिया था और उसके नितम्बों पर हल्की-सी चिकोटी काट ली थी। मानिक को लगा बाबा के अजीब व्यक्तित्व की तरह इनका आशीर्वाद देने का तरीका भी अलग है। फिर भी उसने बाबा का हाथ जोर से झटक दिया। बाबा उससे बहुत निकटता जताते। उसने बाबा को बताया कि वह आजकल ऐसी मानसिक हालत में है कि पूरी दुनिया में आग लगा देना चाहता है। बाबा ने उसे आग लगाने के लिए एक अचूक मंत्र देने की बात की तो मानिक को अँधेरे में एक खुशबू आई। मानिक उस मंत्र को सीखने के लिए किसी भी हद तक जाने को तैयार था। बाबा ने उसे आधी रात को बुलाया और वह सम्पत को लेकर उनके तम्बू में पहुँचा। ठंड की उस रात में तम्बू के बाहर सम्पत ने खड़े होकर पहरा दिया और मानिक ने नग्न होकर बाबा से मारण मंत्र सीखा। उसे सारे कपड़े उतारकर जलती आग के सामने बाबा की गोद में बैठना था और इस दौरान मानिक को काफी परेशानियाँ हुईं लेकिन बाबा ने उसे पहले ही बता दिया था कि ये मंत्र किसी का विनाश करने वाला है इसलिए इसको किसी गलीच तरीके से ही सिद्ध किया जा सकता है। रात भर चले हवन में मानिक की हालत खराब हो गई लेकिन जब सुबह का उजाला हुआ तो वह एक ऐसा मंत्र सीख चुका था जिसका पुराणों और धार्मिक कहानियों में खूब मिलता है लेकिन कोई जल्दी उसे सिद्ध नहीं कर पाता। वह मारण मंत्र सीख चुका था जिसमें वह सिर्फ एक मंत्र के सहारे एक नीबू के जरिये दूर बैठे किसी इनसान की हत्या कर सकता था। उसकी तबीयत तीन-चार दिनों तक खराब रही जिसके बारे में बाबा ने उसे पहले ही बताया था कि साधारण इनसान में इस मंत्र को सँभालने की ताकत नहीं होती इसलिए कुछ दिनों शरीर खुद को समायोजित करता है।

मानिक इस मंत्र का उपयोग जमींदार के छोटे भाई मनहर यानी शुभी के पति पर करना चाहता था। उसके मन में आग लगी थी कि शुभी ने जाति-पाँति वाली बेवकूफी के खिलाफ आवाज क्यों नहीं उठाई। अगर वह भी चाहती तो दोनों गाँव छोड़कर कहीं बाहर चले जाते और शादी कर लेते। उसने सोचा कि मंत्र का उपयोग मनहर पर करने से पहले एक बार शुभी को देख लिया जाए। वह चुपके से हवेली की तरफ गया और दूर से सामने से गुजरने लगा ताकि हवेली का बाग वाला हिस्सा दिखाई दे जाए। मनहर कुर्सी पर बैठे थे और शुभी खूबसूरत-सी लाल साड़ी में उनके लिए बड़े आदमियों वाली चाय

बना रही थी जिसमें चीनी-दूध सब अलग से मिलाया जाता है। ये चाय मानिक को भी एक बार पीने का मौका मिला था जब मनहर ने ये पता चलने पर कि शुभी और उसका कर्मचारी मानिक पहले से दोस्त हैं, उसे हवेली बुलवाया था और खूब सारी बातें की थीं। उस दिन की फँसी हुई फाँस मानिक के सामने थी लेकिन तभी उसकी नजर शुभी के चेहरे पर गई। वह बहुत खुश दिख रही थी। मनहर ने कुछ कहा जिस पर शुभी ने हँसते हुए मनहर की चाय वाला कप लेकर एक घूँट लिया। उसके बाद वह चाय उसने मनहर के होंठों में लगा दिया और जोर से खिलखिलाने लगी। ऐन उसी क्षण मानिक के भीतर से नफरत का लोप हो गया और उसके दिमाग में कुछ ऐसे खयाल आने लगे जो बड़े-बड़े सूफी संत अपनी शायरी और कविताओं में कहा करते हैं।

उसने बिना दिए खुद को एक जिम्मेदारी दे दी कि उसे इस हँसी को हमेशा सँजोकर रखना चाहिए। ये हँसी उसकी न होकर भी अगर उसकी जिन्दगी के बाहरी वलय तक में भी शामिल रही तो वह पूरी जिन्दगी जी सकता है। उसे जिन्दगी से उकताने की कोई जरूरत नहीं। वो मेरी नहीं कम से कम वह है तो सही। और मेरे करीब न सही खुश तो है। उसने मारण मंत्र का प्रयोग करना हमेशा के लिए टाल दिया लेकिन वह मंत्र उसके दिमाग के सबसे भीतरी कोने में एकदम सुरक्षित था। कभी-कभी दोस्तों या पट्टीदारों के बीच झगड़ा होता या फिर गाँव के दबंगों से भिड़ंत हो जाती, मानिक के दिमाग में तुरन्त मंत्र के शब्द नाचने लगते। गुस्से में वो सोचता कि फलाँ आदमी से झगड़ा हुआ है उसको मार देता हूँ। लेकिन गुस्सा थोड़ा कम होने के बाद वह खुद को उस आदमी की जगह रखकर सोचने लगता। "जाने दो यार, मार दूँगा तो उसकी दो बेटियाँ हैं जिनकी शादी करनी है। पत्नी है जो बीमार रहती है। उनका क्या होगा?" थोड़ी देर सोचने के बाद उसे वह आदमी अपने से भी बुरी हालत में दिखाई देने लगता और उस पर तरस खाकर वह उसे माफ कर देता। बाबा ने उसे बताया था कि मंत्र का प्रयोग सिर्फ एक बार किया जा सकता है। उस एक बार की कल्पना वह अपने दिमाग में नहीं कर पाता था लेकिन ये तय था कि उसी एक बार के प्रयोग के लिए वह इसे बचा रहा था। उसकी जिन्दगी के वजूद से वह मंत्र इस तरह जुड़ गया था कि उसके दोस्त इस बात के लिए उसका सम्मान करते। सम्पत को एक बार मंडी में अनाज माफियाओं ने बहुत मारा था जब उसने उनके तय किए हुए रेट का विरोध किया था। मानिक गुस्से

से पागल हो गया था और रात को शराब पीने के बाद नीबू हाथ में उठा लिया था और मारण मंत्र पढ़ने ही वाला था कि सम्पत ने उसे रोक दिया। सम्पत ने कहा कि कोई बात नहीं, वह खुद जाकर उस दबंग को सबक सिखाएगा, उसके लिए मंत्र बरबाद करने की जरूरत नहीं। मानिक बहुत रोया और दोनों दोस्तों ने सुबह तक पी जिसकी सुबह उठते ही सम्पत ने तीन गिलास नीबू पानी पीकर चुभ रहे सरदर्द पर काबू पाया था।

सम्पत ने उसे समझाया था कि जमींदारी की महान परम्परा में एक दूसरे की जायदाद छीनने का बहुत चलन है और मनहर की हवेली का केस उनके पट्टीदारों से चल ही रहा है। हो सकता है किसी दिन इस मंत्र की जरूरत शुभी को पड़े, इसे उस दिन के लिए बचा के रखना चाहिए। सम्पत और मानिक अगले दिन मंडी गए और वहाँ जाकर उस दबंग किसान की अच्छी पिटाई की। इस खुशी में वहीं मंडी में ही छककर शराब भी पी गई। देसी शराबखाने में उस दिन चुक्कड़ में शराब पीता मानिक बहुत खुश था। उसके दिमाग में वही चुम्बन वाली बात फिर से कई लाखवीं बार गूँज रही थी और सम्पत सबसे अच्छे दोस्त की तरह उसकी बात सुन रहा था। ये बात सुनते-सुनते सम्पत को बीस साल हो गए थे लेकिन वह हर बार पहली ही बार की तरह मुस्कराता था। मानिक और सम्पत की दोस्ती के इतने गहरे होने की एक वजह ये याद भी थी।

शराब के नशे में सम्पत की सूई उस दिन एक ही रिकॉर्ड पर अटक गई कि मानिक सच्चा प्रेमी है और उसकी खुद की बीवी मानिक को बहुत पसन्द करती है। मानिक ने हँस के बात टालनी चाही कि वह चन्द्रकला को भाभी नहीं बहन की नजर से देखता है और उसका बहुत सम्मान करता है। सम्पत रोता रहा और कहता रहा कि मानिक तू ही असली प्रेमी है जो बीस साल से अपनी शादी हो चुकी प्रेमिका का इन्तजार कर रहा है। मानिक ने बात काटनी चाही कि वह उसका इन्तजार नहीं कर रहा। वह सिर्फ इतना चाहता है कि वह खुश रहे। उसने सिर्फ इसीलिए शादी नहीं की कि शुभी की तरह न तो उस पर बड़ी जाति के परम्परागत परिवार में जन्म लेने का दबाव था और ना ही लड़की होने का। आज उसे ये फैसला एकदम सही लगता है कि उसने शादी नहीं की, कम से कम उसकी यादों की तितलियाँ तो बेरोक-टोक पकड़-छोड़ सकता है। सम्पत ने रोते हुए कहा कि सभी दोस्तों की बीवियाँ

मानिक के नाम के ताने मारती हैं और मानिक गाँव से कस्बा बनने को आतुर इस क्षेत्र का स्थानीय मजनूँ है। मानिक मजनूँ के बारे में बहुत तो नहीं जानता था लेकिन फिर भी इसे अपनी तारीफ समझ शरमा गया।

उस रात के बाद से मानिक को अचानक ही कभी-कभी लगने लगता था कि एक दिन वह सुबह उठकर घर से निकलकर कुएँ के पास जाएगा और शुभी सामने खड़ी होगी। उस दिन बीच के पचीस-पचास जो भी हैं, साल गायब हो जाएँगे और उनके इर्द-गिर्द फिर से झाड़ियाँ उग आएँगी। दोनों के शरीर फिर से उसी दिन जैसे हो जाएँगे जिस दिन बारिश के बाद धूप निकली थी और दूर कहीं मेढकों के टर्र-टर्र की आवाज ये दावा कर रही थी कि पानी वाले दिन करीब हैं। गिल्ली-डंडे का खेल माहौल में शोर बनकर खिल रहा होगा और शुभी के घर में बन रही दाल में जीरे के छौंके की महक इतनी तेज होगी कि खेतों तक पहुँच रही होगी। दाल की वह महक बता रही होगी कि यही दुनिया रहने के लिए सबसे खूबसूरत जगह है और उनकी उम्र जीने के लिए सबसे खूबसूरत पड़ाव। उन दोनों के होंठ फिर से अपना अधूरा काम करने के लिए आगे बढ़ेंगे। सम्पत को भले वो चुम्बन वाला दिन किसी सपने की तरह याद आता हो, मानिक को वही दिन असली लगता है। उसके बाद बाकी की जिन्दगी उसे जरूर किसी सपने की तरह लगती है। उसे लगता है जैसे ही वो आएगी, सब कुछ बदल जाएगा और वे अपना अधूरा चुम्बन पूरा करेंगे। उस समय उन दोनों की शक्ल भी जरूर बदल जाएगी। उस समय में कितनी खूबसूरती थी, उसे फिर से जीने का मौका जरूर मिलेगा। दुनिया का दस्तूर इतना एकरस नहीं हो सकता। ये दुनिया तो बहुत रंग-रंगीली कही जाती है। ये भी कोई बात है कि एक उम्र निकल जाए तब उसके निकल जाने का पता चले। जब-जब जो-जो समय सामने हो, उसका एहसास उसके निकल जाने के बाद हो। ये क्या तरीका है कि किसी चीज को महसूस करने के लिए एक उम्र चाहिए। मानिक अपने खयालों को झटककर खुद को ये समझाता कि वो ऐसा कुछ नहीं चाहता जैसा उसका दिमाग उसे समझा रहा है। वह सिर्फ यही चाहता है कि शुभी, उसका प्यार, उसके जीवन की एकमात्र इच्छा शुभी हमेशा खुश रहे।

वह हमेशा उसे अपने सामने खुश देख सके, इसका रास्ता उसने निकाला नहीं था। वो मौका बनकर खुद उसके पास आ गया था। जमींदार साहब का

लकड़ियों का बड़ा काम था। आसपास के जंगल के सभी अधिकारी उनके पालतू थे और वह बड़ी आसानी से शीशम, सागौन और साखू की लकड़ियों को अवैध तरीके से कटवाकर बाहर भिजवाते थे। ये काम सालों से चल रहा था और हर चरण पर योग्य आदमी फिट होने के कारण इसमें कभी कोई समस्या नहीं आई थी। अचानक जमींदार साहब का मैनेजर मलूक हैजे से मर गया। पता नहीं कहाँ से मानिक की बात निकली और ये बात उछली कि गाँव के चुनिंदा मैट्रिक लड़कों में मानिक भी है जो कमाने के लिए शहर नहीं गया। गाँव के ज्यादातर लड़के पचीस की उम्र पार करते महानगरों में जीविका तलाशने चले गए थे और गाँव में गिनती के लड़के बचे थे। मानिक को शुभी की मौजूदगी और सम्पत को अपने गाँव से बहुत प्रेम था। उसने मानिक को कहा था, "देख भाई, ये तो तय है कि जो कमाने गए हैं वो भी करेंगे मिस्तरीगिरी या ड्राइवरगिरी, उससे वो हमसे वहाँ थोड़ा अधिक जरूर कमाएँगे लेकिन वहाँ उनका खर्चा भी होगा। हम लोग यहीं कुछ करते हैं और अपने गाँव के होकर रहते हैं।" इसके बाद ही मानिक एक दिन जमींदार साहब की लकड़ियों के काम का इंचार्ज हो गया और सम्पत उसका सहायक जैसी कोई चीज हो गया। अब मानिक को लगा कि उसकी जिन्दगी में कोई साध बाकी नहीं बची। हर रोज उसकी सुबह पूजा करने से होती जिसमें वह शुभी के लिए और उसके पूरे परिवार के लिए ईश्वर से प्रार्थना करता। अपने लिए उसने कभी ईश्वर से कुछ नहीं माँगा। उसे अपनी किस्मत पर कभी भरोसा नहीं रहा था और उसे जितना भी मिला था उसे ही अपनी औकात से ज्यादा मानता था। वह अपने जीवन के लिए कभी-कभी तो इस कदर शुक्रगुजार हो जाता कि शराब के नशे में रो पड़ता था और ऊपर मुँह उठाकर कहता, "तू कितना दयालु है जो मेरी जिन्दगी उजाड़ के भी उजड़ने नहीं दी। उसे हमेशा खुश रखना।"

लेकिन समय को किसी ने पट्टे पर नहीं खरीदा। समय ही इस दुनिया का ईश्वर है और ईश्वर समय के अलावा कुछ नहीं हो सकता क्योंकि यह कुछ न होकर भी हमारे क्षण-क्षण में मौजूद है। यह आपको दिखाई भले न दे, आपके पैदा होने से आज तक का हिसाब-किताब इसने ही रखा है और आप लाख सिर पटककर मर जाएँ, यह आपको आने वाले समय के बारे में कुछ नहीं बताएगा जैसे आपका ईश्वर आपको कुछ नहीं बताता। यह हर किसी का हिसाब-किताब करता है और इसकी मार से कोई नहीं बच सकता। ताकतवर

से ताकतवर और कमजोर से कमजोर जो भी हैं इसी की वजह से हैं और अगर आप पर इसकी कृपा है तो आपका कोई कुछ नहीं बिगाड़ सकता। आप अगर धार्मिक इनसान हैं और बातों-बातों में कहते हैं कि समय बहुत क्रूर है तो सावधान हो जाइए, आप किसी और को नहीं, ईश्वर को ही गालियाँ दे रहे हैं। जिस दिन आप इस बात को समझ जाएँगे उस दिन किसी ईश्वर से नहीं सिर्फ समय से डरेंगे। मानिक ये बात नहीं समझता था इसलिए वह ईश्वर से बातें करता था, उनसे प्रार्थना करता था और उनसे डरता था।

सबके साल एक साथ ही गुजरते थे लेकिन मानिक का समय बाकी दोस्तों से अलग था। सम्पत के तीन बेटियाँ हो गई थीं और चौथे नम्बर पर आखिरकार बेटे की उसकी तलाश पूरी हुई थी। सरकार बदलने के साथ कुछ नियम भी बदले थे और कुछ नीयतें भीं। एकाध कड़क अधिकारी आ जाते तो जमींदार साहब का ये धन्धा काफी समय तक या तो बन्द रहता या फिर मंदा रहता। बाकी धन्धों में उन्हें पहले से घाटा हो रहा था और ये लकड़ी वाला धन्धा ही उनकी समृद्धि के भ्रम के बचे रहने का बायस था। इसके प्रभावित होने से उनकी शाही हवेली की पुरानी दीवारों की दीमक सामने आने लगी थी। बड़े जमींदार जी शराब पीने से ही मरे थे। खूब पीने के बाद एक दिन उन्हें अचानक हार्ट अटैक आया और वह कूच कर गए। मनहर के बड़े भाई महेश भी पीने के लिए दूर-दूर तक विख्यात थे और नई खबर थी कि पीने-पिलाने में विश्वास न रखने वाले खेलों के शौकीन शरीर से फिट मनहर को इस खानदानी नशे ने अपनी गिरफ्त में ले लिया है। काम कई महीनों बन्द रहता तो मानिक और सम्पत के साथ कई मजदूरों की भी हालत खराब रहती। मानिक और सम्पत ने ऐसे दिनों के लिए एक आटा चक्की डाल ली थी जिसे वैसे तो मानिक ही चलाता था लेकिन अब यही चक्की दोनों की बैठकी का अड्डा थी। इससे उनका काम आसानी से तो नहीं, खींचतान के चल जाता था।

जैसे बुरी बातें अपनी जगह हवाओं के जरिये बहुत तेजी से बना लेती हैं वैसे ही किसी के बारे में कुछ ऐसी बातें भी बहुत जल्दी लोगों के जेहन में जगह पा जाती हैं जिन पर अपने मुफलिस दिनों में खुलकर हँसा जा सके। किसी की किसी बात को बेवकूफी समझने पर अपने समझदार होने का एहसास पुख्ता होता है। इनसान की फितरत खुलकर हँसना यूँ ही नहीं है। यही एक चीज है

जो लोगों को मरने से बचाए रखती है। रोने और हँसने की जो नेमत इनसान ने पाई है, उसकी पूरी पीढ़ी का विकास इन्हीं दो बातों के इर्द-गिर्द सिमटा हुआ है। मानिक की बातों पर जहाँ उसके दोस्त और उनकी बीवियाँ उसका सम्मान करतीं, वहीं गाँव के कुछ लोग इसी बात पर पीठ पीछे उसका मजाक उड़ाते और हँसते कि मानिक को आज से सौ-डेढ़ सौ साल पहले पैदा होना चाहिए था। कुछ लोग उसके व्यक्तित्व में सबसे मारक चीज मारण मंत्र को बताते तो कुछ थोड़ा-पढ़ने सोचने वाले लोग इस मंत्र को उसका मानसिक फितूर बताते। मानिक को इन सब बातों का पता था और जब धीरे-धीरे सम्पत को छोड़ उसके लगभग सभी दोस्त शहरों में कमाने निकल गए तो वह भी अपने काम में थोड़ा व्यस्त होने लगा। जमींदार साहब के काम को वह पूरी मेहनत और स्वामिभक्ति से करता था। जब उसने काम छोड़कर सम्पत के साथ आटा चक्की डाली तो महेश ने आधिकारिक तौर पर धन्धा बन्द होने की घोषणा कर डाली थी और लगे हाथों मानिक के बीस सालों की नौकरी के सम्मान में उसे एक बोतल शराब भी दी थी। काम छूट जाने की वजह से मानिक शुभी को रोजाना देखने से वंचित हो गया था। हवेली की बिगड़ती हालत की वजह से मानिक ने उस तरफ जाना भी कम कर दिया था। यह जरूर हुआ कि उसने चक्की पर भी एक तरफ भगवान की कुछ मूर्तियाँ रखकर एक कोना बना दिया था जहाँ वह अक्सर ईश्वर से प्रार्थना माँगा करता था कि हवेली के हालात सुधर जाएँ और मनहर बाबू शराब पीना बन्द कर दें।

लेकिन हवेली के हालात सुधरने के लिए नहीं बिगड़े थे। बरसों की छिपाई समृद्धि और सौम्यता की परत जब उतरनी शुरू हुई तो उतरती ही गई। हवेली पर बाहर शहर से आए कुछ नए मेहमानों की छाया पड़ी जो हवेली को खरीदने के तलबगार थे। गाँव में रेल पटरी बिछ जाने की वजह से इसका तथाकथित विकास नजदीक था और बरसों से सँभाली गई भव्यता को अब जमींदार साहब का परिवार नहीं सँभाल पा रहा था। हालाँकि हवेली पर नजरें गड़ाए बैठे पुराने रिश्तेदारों को मनहर और महेश ने इस बार भगा दिया था लेकिन वे समझ चुके थे कि वे अपना अस्तित्व भले ही बचा लें लेकिन अब पुरानी बात कभी नहीं आ सकती। मनहर के लगातार शराब में डूबते चले जाने की वजह से शुभी के चेहरे की बुझती चमक पर भी उसकी छाया पड़ी थी। जितनी रातें मनहर अपनी पुरानी शौकत के चले जाने के गम में जागकर

शराब के साथ बिताते, वे सभी रातें शुभी की आँखों के नीचे इकट्ठा होती जातीं। गाँव में दबी आवाज में चर्चा होने लगी थी कि मनहर अपनी पत्नी पर हाथ भी उठाने लगे हैं। हालाँकि इस बात को मानिक ने अफवाह की तरह लिया था और एक कान से सुनकर दूसरे कान से निकाल दिया था। मनहर ने महेश के उलट अपने बटहिया पर दिए गए खेतों में काम करने वाले किसानों से भी दुर्व्यवहार किया था और एक दिन एक किसान को उसके ही जोते गए खेत में पटक-पटक कर मारा था। सुबह ही उन्होंने शराब खूब पी ली थी और अपने खेतों की तरफ से गुजर रहे थे। उन्होंने देखा कि अधिया पर उनका खेत जोतने वाला एक किसान अपने दोस्तों के साथ बैठा ताश खेल रहा था और इसी बहाने खेतों की रखवाली भी कर रहा था। मनहर थोड़ी दूरी से गुजरे तो दृष्टि से थोड़े कमजोर हो चुके किसान ने उन्हें आँखें मिचकाकर देखा था और उनकी खस्ता हालत की वजह से उन्हें नहीं पहचान पाया था। जब वह उन्हें देखकर फिर से ताश खेलने में व्यस्त हो गया तो मनहर आगबबूला हो गए। वह खेतों में गए और उस किसान को गिराकर पीटने लगे कि उसने उन्हें देखने के बावजूद सलामी नहीं ठोकी। किसान के दोस्तों ने किसी तरह मनहर को काबू किया और प्रत्यक्षदर्शियों की मानें तो दोस्तों ने मनहर को बहाने से एक-दो हाथ भी लगाए। उन्हें किसी तरह सहारा देकर घर पहुँचाया गया। उस रात देर तक पति-पत्नी के बीच बहसों और बाद में शुभी की चीखों ने गाँव की झींगुरों वाली रात में भी अपनी पहचान बनाए रखी।

मनहर का मिजाज एकदम अलग हो गया था। महेश और उनके नए-नए ग्रेज्युएट हुए बेटे विकास ने बहुत कोशिश की कि मनहर को इलाज के लिए शहर के किसी बड़े अस्पताल ले जाया जाए लेकिन भतीजे के नम्बर लगवाने और डॉक्टर से समय लेने के बावजूद मनहर ने गाँव छोड़ने से इनकार कर दिया। वे समझ चुके थे कि ये बीमारी अब किसी डॉक्टर के बस की नहीं है। महेश और विकास दोनों मनहर को जानते-समझते थे इसलिए उन्हें हँसाने और माहौल हल्का करने की बहुत कोशिशें करते रहे लेकिन बात अब हर किसी के हाथ से बाहर निकल गई थी।

इसी कड़ी में भतीजे ने चाचा-चाची की शादी की पचीसवीं सालगिरह को कुछ खास ढंग से मनाने का फैसला किया ताकि चाचा को जीवन से थोड़ा तो पहले जैसा मोह पैदा हो जाए। हर उस इनसान को न्योता दिया गया जिसका

कभी भी हवेली से छोटा या बड़ा कोई भी नाता रहा हो। मानिक और सम्पत को आमंत्रित करने के लिए हवेली का सबसे खास नौकर भीमसेन आया तो मानिक को बहुत अच्छा लगा। सम्पत ने इस घटना को भाव नहीं दिया और मानिक को भी समझाया कि हवेली एक डूबता हुआ जहाज है जिसका कौन सा हिस्सा कितना सड़ चुका है, पता नहीं चलता। कोई भी सड़ा हुआ हिस्सा कभी भी किसी के भी ऊपर गिर सकता है इसलिए जितने कम लोग हवेली में जाएँ उतना अच्छा है। मानिक इधर लगातार प्रार्थनाएँ करता हुआ हफ्ते में दो व्रत करने तक पहुँच चुका था। शुभी और उसके परिवार के लिए पूजा-अर्चना कर रहे मानिक को अब लगने लगा था कि जरूर उसकी पूजा का ये असर हो रहा है कि माहौल कुछ-कुछ ठीक होने लगा है। वह जबरदस्ती सम्पत को भी खींचकर वहाँ ले गया।

हवेली ने इतनी सजावट मनहर और शुभी की शादी के बाद पहली बार देखी थी। यह बूढ़ी हवेली अपने पुरखों के ऐसे कितने ही उत्सव याद कर रही थी और बेहद भीगी पलकों से अपने झुककर टेढ़े हो चुके वारिसों महेश और मनहर की ओर देख रही थी जिन्हें अचानक समझ में आया था कि रुतबा न किसी हवेली का होता है और न ही किसी रियासत का। रुतबा सिर्फ उम्र का होता है और एक उम्र में हर रुतबा अपने आकार से बेहद विशाल लगता है। महेश और मनहर अपने सुनहले दिनों की परछाइयों में खोये एकबारगी अपने फिलहाल के बुरे सपनों से काफी दूर चले आए थे। गाँव वाले ऐसा आयोजन पाकर प्रसन्न थे। लगभग आधा गाँव खाना खाकर जा चुका था जिसमें ज्यादा संख्या बच्चों की थी जो एक बार पूरी सब्जी खीर-पनीर खाकर फिर से दुबारा पंगत में बैठ जाते। उन्हें विश्वास ही नहीं हो रहा था कि ये जमींदार जी की दावत है जिसके बारे में कहा जाता था कि जितना चाहे उतना खा सकते हैं और जितनी बार चाहें, उतनी बार खा सकते हैं। अब गाँव के प्रौढ़ और प्रौढ़तर लोग आ रहे थे जो हवेली की सजावट और खाने के स्वाद की तारीफ कर रहे थे। मानिक जब सम्पत के साथ वहाँ पहुँचा तो मनहर और महेश दोनों शराब पीकर भीतर से बाहर आकर बगीचे में बैठ चुके थे और गाँव वालों के अभिवादन का जवाब दे रहे थे। सब उन्हें जी भरकर आशीर्वाद दे रहे थे जिसमें मुख्य ये था कि उनकी और उनकी पत्नी की जोड़ी हमेशा सलामत रहे और दोनों शादी की सौवीं वर्षगाँठ भी इसी तरह साथ मनाएँ।

मानिक जब पहुँचा तो महेश ने ऐसे ही शुभी को आवाज लगाई और हल्के मजाक वाले टोन में कहा कि उसके गाँव का दोस्त मानिक आया है। शुभी ने आवाज सुनी और मानिक और सम्पत के लिए प्लेट में कुछ मिठाइयाँ लेकर आई। वह मिठाइयाँ लेकर मनहर की लकड़ी की कुर्सी के सामने से गुजरी तो अचानक मनहर को महसूस हुआ कि उनके सीने के भीतर जो ज्वार उठ रहा है, उसे उनकी पत्नी जरा भी नहीं समझती। उन्हें अचानक याद आया कि यह जमींदारी उनकी थी, शानोशौकत उनकी थी और ये हवेली भी उनकी ही है, इसके जाने का गम उन्हें जितना है, उसका पासंग भी उनकी पत्नी को नहीं। वह गाँव के एक औसत परिवार की लड़की है जो उन्हें पहली नजर में गाँव की नहर पर पसन्द आ गई थी और उन्होंने खुद उसके घर शादी का प्रस्ताव भिजवाया था। उन्हें अचानक महसूस हुआ कि उनकी पत्नी को उनका हर दुख उसी तरह महसूस करना चाहिए जिस तरह वे करते हैं नहीं तो फिर पति पत्नी के रिश्ते का क्या मतलब। उनके मन में अपनी पत्नी के लिए नफरत की एक लहर-सी उठी। उन्होंने देखा उनकी पत्नी अपने बचपन के दोस्त को मिठाइयाँ दे रही है। मानिक ने प्लेट से एक मिठाई उठाकर बाकी के लिए विनम्रता से हाथ जोड़कर मना किया था कि मनहर सामने खड़े थे। उनका एक हाथ घूमा और शुभी के हाथ से मिठाई की प्लेट दूर जा गिरी। दूसरा हाथ शुभी के गाल पर पड़ा था।

"क्या जरूरत...थी मिठाई लेकर...खुद...आने की?" मनहर ने बेहद लड़खड़ाती आवाज में अपना सवाल फेंका था जिसमें नफरत से भरे होने की वजह से हिस्स जैसी ध्वनि आ रही थी।

शुभी चुपचाप एक पल खड़ी रही थी। पत्तलों पर चल रहे हाथ अचानक रुक गए थे और अनगिनत आँखें इस दृश्य की ओर उठ गई थीं। महेश तेजी से उठकर मामले को सँभालना चाह रहे थे कि पीछे खड़े बेटे ने उन्हें वापस उनकी कुर्सी पर बिठा दिया था।

"आप जाकर और बिगाड़ देंगे, बैठे रहिए।"

मानिक की आँखें एक जैसे दृश्य देखने की इस कदर आदी हो गई थीं कि इस दृश्य को इतने करीब से देखने के बाद भी उसे इस पर विश्वास नहीं हुआ। उसे लगा जैसे वह एक समय यात्री है और गलती से किसी गलत समय में चला आया है। एक बार फिर से वह समय में पीछे जाएगा और सब

कुछ ठीक हो जाएगा। सम्पत वहीं खड़ा रहकर भी कहीं और चला गया था। उसकी आँखों में भयानक गुस्सा था और वह चाहता था कि जल्दी से जल्दी यहाँ से कहीं चला जाए। उसकी नजर शुभी के गाल पर थी जहाँ मनहर की तीन उँगलियों की छाप उखड़ गई थी। सारे गाँव वाले अपना खाना छोड़कर धीरे-धीरे वहाँ से उठ रहे थे। लड़के स्वादिष्ट पनीर और खीर में उलझे ये सोच रहे थे कि उनके बाबा और पिता के उठ जाने के बाद उनका बैठे रहना ठीक है या नहीं। कुछ लड़के बाप की आवाज सुनकर उठकर उनके पीछे जा रहे थे और कुछ उठने से पहले जल्दी से एक बड़ा कौर पनीर-पूरी या फिर खीर का डाल रहे थे।

शुभी जाने के लिए पलटी तो मनहर ने उसका हाथ पकड़ लिया।

"तुझे अपनी औकात से ज्यादा...मिल गया तो उसका...महत्त्व भूल गई? तू इस हवेली की...बहू है, बाहर क्यूँ...आई?" मनहर के एक-एक शब्द में ढेर सारी नफरत और चिढ़ मिली हुई थी जिसमें पूरे जमाने का तिरस्कार शामिल था। वह चाहते थे कि वह कुछ ऐसा बोलें और कर दें कि सब उन्हें ही देखते रह जाएँ। अपनी जवानी का वैभव उनके सिर पर शराब की आड़ लेकर सवार हो चुका था।

शुभी ने जबरदस्ती अपना हाथ छुड़ाया और हवेली में भीतर जाने लगी। तेजी से हाथ छुड़ाने की वजह से मनहर का सन्तुलन बिगड़ गया और वह गिरने लगे। वह गिरने को हुए तो मानिक ने उन्हें सहारा देकर थाम लिया। उसी पल उन्होंने मानिक का सहारा लिये लिये ही जाती हुई शुभी पर एक लात जड़ी जो उसकी कमर पर लगी और वह गिर गई। गिरते ही शुभी की चीख निकली और सम्पत उसे सँभालने के लिए आगे बढ़ा। सम्पत के आगे बढ़ने के साथ ही गुस्से से लाल मानिक ने मनहर को धकेला तो नहीं लेकिन अचानक छोड़ दिया और तेजी से जाने के लिए मुड़ गया। वहाँ का दृश्य अब बर्दाश्त करने लायक नहीं रह गया था। सम्पत जैसे ही शुभी के पास पहुँचा वैसे ही वहाँ विकास पहुँचा और उसने अपनी चाची को सहारा देकर उठाया और अन्दर ले गया। उसने सम्पत को इशारा किया कि आप यहाँ से जाइए। जितनी जल्दी जगह खाली होगी, उतनी जल्दी माहौल हल्का होगा।

सम्पत तेजी से बाहर की ओर निकला। मानिक तेज कदमों से न जाने कहाँ चलता जा रहा था। सम्पत उसके साथ चलने लगा। दोनों ने रास्ते भर कोई

बात नहीं की। रास्ता देखा-पहचाना था। जिसके लिए दोनों दोस्त दो दिन पहले से तैयारी करते थे वो प्रक्रिया तुरत-फुरत में हो रही थी। मानिक ने ठेके से कई बड़ी बोतलें खरीदीं और वहीं पास के ठेले से सम्पत ने चार नीबू थाम लिये।

आटा चक्की गाँव से थोड़ी दूर डीह के पास थी जिसका फायदा ये था कि हर आधे घंटे पर सम्पत की बेटियाँ उसे बुलाने नहीं आ पाती थीं। मानिक के घर पर जब भी दोनों बैठते थे, सम्पत की एक छोटी बेटी आकर बोलती, "अम्मा बुला रही हैं बाबा, घर चलो।" यह बुलावा जहाँ दो या तीन बार हुआ, उस दिन सम्पत के घर कलह होना तय था। आटा चक्की इस मामले में ठीक थी कि एक बार घर पर बता देने पर कि देर रात या सुबह आएँगे, रात की कोई खिटखिट नहीं बचती थी।

आटा चक्की पर बैठकर भी दोनों में कोई बात नहीं हुई। अब सम्पत ज्यादा हैरान नजर आ रहा था और मानिक ज्यादा नाराज। ऐसा लग रहा था जैसे अभी कल की ही बात हो, एक कमसिन प्यारी-सी लड़की फ्रॉक पहनकर गाँव में घूम रही थी और अचानक सबके सामने उसकी फ्रॉक को नोचकर उसकी सौम्यता को नष्ट कर दिया गया हो। मानिक जल्दी में पी रहा था ताकि उसके कलेजे की आग को जल्दी एक दूसरी आग का साथ मिले नहीं तो वह आग उसे तेजी से जला रही थी। सम्पत लगातार कुछ सोच रहा था और लगता था जिन्दगी ने उसे कभी नहीं भूलने वाला एक ऐसा दृश्य दे दिया है जो उसे कभी सामान्य नहीं रहने देगा। मानिक और शुभी के चुम्बन वाला दृश्य उसके जेहन में बिलकुल ताजा था और उसी पल उसके मन में मानिक के लिए थोड़ी सहानुभूति हुई कि उसने पूरी जिन्दगी एक ऐसी लड़की के लिए अकेले बिता दी जो किसी भी मार खाने वाली आम लड़की जैसी थी। उसे शुभी से कुछ और उम्मीद थी। जिस तरह पुराने उस दृश्य में शुभी एक निडर लड़की की तरह मानिक का सिर पकड़कर उसे चूम रही थी, उस हिसाब से उसे अपने पति मनहर की झापड़ का जवाब देना चाहिए था। उसे अचानक शुभी के बेहद कमजोर होने का एहसास हुआ और खुद के भी। उस पल में वह उसी तरह बेहद समझदार हो गया जैसे एक दिन कभी मानिक हुआ था।

धीरे-धीरे जब शराब का नशा नसों में घुला तो मानिक की आँखें नम हो गईं। सम्पत डर-डर कर पी रहा था और लाए गए चार नीबू में से तीन खत्म कर चुका था। उसे लगने लगा था कि अब इतना पीने के बाद जितना आगे

बढ़ेगा, सुबह का सिरदर्द उतना ही खतरनाक होगा। बात का कोई सिरा न मिलने पर वह सुबह का जोखिम उठाकर फिर से अगला पेग पीने में व्यस्त हो गया। वह जल्दी से जल्दी इस दृश्य को भुलाने की कोशिश कर रहा था। उसे लगा मानिक भी इसे जल्द से जल्द भूलना चाहता होगा क्योंकि इसके अलावा और रास्ता ही क्या है। सबकी अपनी-अपनी किस्मत होती है और हमारी ही कौन सी अच्छी है जो दूसरों के बारे में विलाप किया जाए। उसने देखा मानिक कुछ गहराई में सोच रहा था। उसने मानिक के कन्धे पर हाथ फिराया और उससे पास पड़ी बीड़ी को देने का इशारा किया। बदले में मानिक की आँखें पहली बार सम्पत से मिलीं। मानिक ने सम्पत की आँखों में आँसू देखे। सम्पत ने मानिक की आँखों में गुस्सा देखा। सब कुछ जलाकर नष्ट कर देने वाला गुस्सा जो उसने बरसों पहले देखा था जब शुभी उसकी जिन्दगी में बिना आए उससे निकल गई थी।

मानिक ने अपने गुस्से को इकट्ठा करते हुए टूटी-फूटी आवाज में मनहर पर मारण मंत्र का उपयोग करने की बात कही। सम्पत ने बात को न सुनने का अभिनय किया और अपनी शराब पीता रहा। मानिक ने मनहर को गालियाँ दीं और कहा कि गाँव वालों की अफवाहों पर वह पहले ध्यान नहीं देता था लेकिन अब इस बात में कोई शक नहीं रहा कि मनहर शुभी के लायक नहीं है और उसे उसकी जिन्दगी को आसान बनाने के लिए मर जाना चाहिए। सम्पत ने फिर भी बात को अनसुना करने का अभिनय किया और अपनी आँखें पोंछकर चुपचाप अपनी शराब पीता रहा। जब यही बात मानिक ने उसे पकड़कर हिलाकर उसकी आँखों में आँखें डाल कर कहा तो सम्पत ने उसे झटक दिया।

“साले हिम्मत वहाँ दिखानी थी। दम था तो मारना था मनहर के पिछवाड़े पे एक लात। वहाँ से क्यों चला आया कायरों की तरह? मंत्र पढ़ेगा...चूतिया।”

मानिक और उग्र हो गया। उसकी आवाज बिखर रही थी लेकिन उसका गुस्सा उन आवाजों के टुकड़े समेट रहा था।

“वहाँ वो थी...उसको दुख होता...।” मानिक ने कहा और गुस्से से भरा इधर-उधर देखने लगा। आखिरी बचा हुआ नीबू सम्पत के सलाद की ओर देख रहा था। मानिक ने खुद को उसकी ओर घसीटा और नीबू अपने हाथ में ले लिया।

"नीबू इधर दे। सलाद में डालना है।" सम्पत ने बात सँभालने की कोशिश की लेकिन तब तक मानिक एक कदम घिसटकर ताखे पर रखा चाकू भी उठा चुका था।

"मनहर को...हम...मार देंगे। उसने उसको...मारा। मारण चलाएँगे... साला दो दिन में...खून की उल्टी कर के...मर जाएगा।" मानिक बुदबुदाता हुआ नीबू काटने लगा। नशे की वजह से नीबू छिटककर थोड़ी दूरी पर गिरा और डगरता हुआ एक कोने में टिक गया। मानिक की नजर बराबर नीबू पर थी और सम्पत की नजर मानिक पर। मानिक जमीन पर लेटकर घिसटता हुआ नीबू की तरफ जाने लगा। जैसे-तैसे करके उसने नीबू को कब्जे में किया और फिर से सीधा होकर नीबू काटने का उपक्रम करने लगा। उसे लगा कि हाथ से नीबू बार-बार फिसल रहा है तो उसने अपने एक घुटने को मोड़ लिया और उस पर रखकर नीबू काटने लगा। सम्पत बराबर नीबू को लेने की हल्की कोशिशें कर रहा था और अपने सलाद का वास्ता दे रहा था। मानिक लगातार मंत्र के शब्द बुदबुदा रहा था। अचानक उसके चेहरे पर सम्पत का जोर का तमाचा पड़ा। वह एक ओर गिर गया। सम्पत खुद को घसीटता हुआ उसके पास लाया और उसके कुर्ते का कॉलर पकड़कर जोर से चीखने लगा।

"साले चूतिये, तुझे समझ में नहीं आता एक बार में। तू पागल है क्या? तुझे आज तक लगता है कि किसी मंत्र से कोई मर सकता है? तुझे समझ में नहीं आया कि उस गाँडू बाबा ने तेरी गाँड़ मारी थी मंत्र सिखाने के लालच में?" अपनी भड़ास निकालने के बाद सम्पत ने मानिक को एक ओर धकेल दिया। मानिक का सिर दीवार से टकरा गया। वह सिर पकड़कर थोड़ी देर बैठा रहा फिर टूटी-फूटी आवाज में उसने सम्पत को बताया कि उसे पता है कि उसके साथ क्या हुआ था। उसे बाबा ने ये पहले ही बता दिया था कि यह मानवजाति की भलाई का कोई मंत्र नहीं है जो अगरबत्ती और फूल माला से सिद्ध होगा। चूँकि यह मंत्र हत्या करने वाला नकारात्मक मंत्र है, इसलिए इसे ऐसे ही गलत तरीकों से सिद्ध किया जा सकता है। सम्पत ने ये बात सुनकर दया से भरी एक नजर मानिक पर डाली और उसकी आँखें फिर से भर आईं। वह चुपचाप थोड़ी दूरी पर जाकर अपनी बची हुई शराब खत्म करने लगा।

मानिक ने फिर से पूरी ताकत बटोरी और नीबू और चाकू फिर से उसके हाथ में था। सम्पत ने बिना किसी भाव की आँखों के साथ मानिक की ओर

देखा और उबले चने खाने लगा। मानिक का मंत्रोच्चार पूरे जोर पर था। थोड़ी देर में मानिक ने ताखे पर से लेकर एक कपूर जला दिया और आटा चक्की वाली वह छोटी-सी कोठरी धुएँ से भर गई। मानिक के मंत्रों की आवाज तेज होती जा रही थी और जैसे-जैसे वह मंत्र पढ़ता जा रहा था, उसे पूरा विश्वास होता जा रहा था कि मनहर के मरने के बाद शुभी हवेली में बेरोकटोक अपने हिस्से में अपने बेटे के साथ रहेगी और उसे किसी की धौंस नहीं सुननी पड़ेगी। उसे लग रहा था कि जैसे बरसों से बेकमकसद बीत रही उसकी जिन्दगी का असली वक्त अब आया है और आज ही के दिन के लिए वह कई सालों से बिना किसी घटना की जिन्दगी जी रहा था। मंत्र के आखिरी चरण में जब वह मंत्र की लय पर झूमने लगा तब सम्पत ने उसे गम्भीरता से लिया और उसकी ओर ध्यान से देखा। मानिक की आँखें खूनी लाल थीं जैसे आम दिनों में शराब पीने में होती थीं, उससे बहुत ज्यादा लाल। सम्पत को पहली बार यकीन आने लगा कि वह—बड़ा होने के बाद जिस बात पर वह मानिक को बेवकूफ समझने लगा था—चीज वाकई मानिक के पास है। थोड़ी देर ऐसा सोचने के बाद सम्पत को अचानक मानिक बहुत बड़ा सिद्धपुरुष लगने लगा था और उसे विश्वास होने लगा था कि वाकई अब मानिक के मंत्र पढ़ने के बाद जमींदार की जिन्दगी नहीं बचेगी। यह विश्वास किसी घूँट के साथ बिलकुल यकीन में बदल जाता और फिर अगली ही किसी घूँट के साथ मंत्र पढ़ता मानिक उसे किसी हारे हुए जुआरी की तरह लगता जो बाजी हार जाने के बाद चिल्ला-चिल्ला कर रो रहा हो।

तेज आवाज में मंत्र पढ़ने की वजह से मानिक हाँफ रहा था और मात्रा से अधिक शराब पेट में जाने की वजह से सम्पत भी दीवार से थोड़ी दूरी पर पड़ी पुआल पर लेट चुका था। कपूर जलकर खत्म हो गया था। नीबू कब का कट चुका था। शरीर में पहुँची शराब अपने सारे लक्षण दिखाने लगी थी और मानिक भी जहाँ बैठा था, वहीं लेट गया। रात की हवा खिड़की से आ रही थी और दरवाजा खिड़की दोनों खुली होने की वजह से मैदान में सोने का सुख दोनों शरीरों को मिल रहा था। एक कोने में गेहूँ की ढेर सारी बोरियाँ रखी थीं जिन्हें आज पीसा जाना था।

गाँव की हवा में फुसफुसाहट थी। ये रात गाँव के लोगों के लिए थोड़ी अलग थी। कुछ पेट भरे वही बातें कर रहे थे तो कुछ आधे पेट और कुछ

खाली पेट। सब धीमी आवाज में यही फुसफुसा रहे थे कि मनहर को सबके सामने पत्नी पर हाथ नहीं उठाना चाहिए था। जमींदार लोग अपनी पत्नियों को मारते ही हैं लेकिन ये सब पारिवारिक काम चारदीवारी के भीतर होने चाहिए। गाँव की कुछ औरतें इस बात पर अपना एतराज जताकर एक-दो झापड़ खाकर सो चुकी थीं और कुछ अपनी गुदड़ी पर लेटी हुई ये सोच रही थीं कि औरत झोंपड़ी में रहे या हवेली में, उसकी तकदीर लिखने में उपयोग की गई स्याही का रंग एक जैसा है। धीरे-धीरे गाँव जब नींद के सन्नाटे में डूब गया तो जैसे पेड़ों और खेतों ने भी यही बातें करनी शुरू कर दीं। उस रात हवा बहुत तेज थी और रात में झींगुरों-सियारों के बोलने की आवाज में पत्तों का झूमना गजब तरीके से शामिल था।

सुबह की किरण निकलने के साथ ही सम्पत की छोटी बेटी चक्की पर आकर उसे जगाकर ले गई। सम्पत ने सोते हुए मानिक को जगाना ठीक नहीं समझा और दरवाजा भिड़काकर चला गया।

मानिक की आँख जब खुली तब तक सुबह की धूप चुभने लायक हो गई थी। वह उठा तो उसे अपने शरीर में दो-तीन जगहों से दर्द की लहरें उठती महसूस हुईं। वह धीरे से पूरी ताकत बटोरकर उठा और रात का पूरा मंजर उसकी आँखों के सामने किसी बुरे सपने की तरह झिलमिलाने लगा। थोड़ी दूरी पर एक कटा और निचुड़ा हुआ नीबू पड़ा था और उससे थोड़ी दूरी पर एक चाकू। मानिक के मन के अन्दर मंत्र को लेकर जो विश्वास था वह और गाढ़ा हो गया। उसे अचानक याद आया कि अपनी पैंतालीस साल की जिन्दगी में पहली बार उसने कोई ऐसा काम किया है जिसकी वजह से डर महसूस हो रहा है। वह तेजी से उठा और बाहर कुएँ पर जाकर नहाने लगा। देर तक नहाने के बाद उसका सिर कुछ हल्का हुआ। उसने कुछ फुटकर सामान बटोरे और अपनी चचेरी बहन से मिलने पास के गाँव के लिए निकल गया जो अक्सर उससे शिकायत करती थी कि उसका कोई सगा भाई नहीं है और ले-दे के जो एक भाई है वह कभी उसकी खबर नहीं लेता।

मानिक चुपचाप अपने गाँव से निकल गया। पूरा दिन बहन और उसके प्यारे बच्चों के साथ गुजारने के बाद शाम तक उसका मन कुछ हल्का हो गया। उसे बीच-बीच में खयाल आता था कि उसने मनहर पर मारण मंत्र का प्रयोग कर दिया है और अब तक उस पर मंत्र का असर होना शुरू हो गया होगा।

इस डर के साथ यह राहत की बात उसे सुकून देती कि अब शुभी बिना किसी के दबाव के अपना जीवन उस हवेली में आराम से गुजार सकेगी। शाम को बहन बहुत रोकती रही लेकिन मानिक किसी जरूरी काम का हवाला देकर वहाँ से निकल गया। निकलते हुए बहन ने बेहद विनम्रता से भाई से कहा कि वह फिर से एक बार शादी करने की सम्भावना पर विचार करे और अगर उसका मन बदले तो उसकी एक रिश्ते की विधवा भौजाई से वह बात चलवा सकती है। मानिक ने जल्दी ही फिर आने का वादा किया।

मानिक जब गाँव के मुहाने पर पहुँचा तो उसे गाँव में किसी अनहोनी का एहसास हुआ। नहर वाली चौक पर कुछ लोग दबी जबान में बातें कर रहे थे जिसमें उसने अपना नाम सुना। वह चुपचाप वहाँ से सिर झुकाकर गुजरने वाला था कि धुँधलके में भी लोगों ने उसे पहचान लिया। गाँव के एक बुजुर्ग ने उसका नाम पुकारा और वह जाकर उसके सामने खड़ा हो गया। सब उसके वहाँ पहुँचते ही चुप हो गए जैसे किसी इनसान के बारे में उन्हें अचानक पता चला हो कि अब तक हम जिसे अपने बीच का समझते थे वो हमारे बीच का नहीं हमसे अलग है। वो इतना विलक्षण है कि उसकी विलक्षणता पर एकबारगी विश्वास ही नहीं किया जा सकता। मानिक ने पेट्रोमेक्स की रोशनी में सबके चेहरे पढ़े। सब पर कुछ ऐसी अजीब इबारतें लिखी थीं जिन्हें वह न पढ़ पाया न समझ पाया। उसने इशारे से कुछेक अग्रजों का अभिवादन किया और बदले में थोड़ी देर अभिवादन के इन्तजार में खड़ा रहा। लेकिन सब उसे ऐसी नजरों से देखते रहे जैसे बहुत लम्बे समय बाद कोई अनोखी चीज उनकी आँखों को नसीब हुई हो। मानिक वहाँ से थके कदमों से चल पड़ा। उसके भीतर एक भय की लहर आई और अचानक उसके कदम तेज हो गए। सामने वालों के दिमाग में चल रहा विचार कूदकर मानिक के भीतर आ गया। उसे लगा ये पूरा गाँव और इस गाँव के लोग, वह किसी को नहीं पहचानता। वह सिर्फ सबके नाम जानता है जैसे बाकी सब उसका नाम जानते हैं।

वह खेतों और मेंड़ों को पार करता हुआ अपने झोंपड़े में पहुँचा तो उसके दिमाग में गाँव वालों की फुसफुसाहटें शोर मचा रही थीं। वह देर तक लेटा हुआ कल की रात के बारे में सोचता रहा। रात की बात से छलाँग लगाकर वह कुछ पुराने दिनों में लौटा और फिर अपने पसन्दीदा दिन पर पहुँच गया। उस दृश्य में जाने के बाद उसे अपना वजूद सिर्फ एक होंठ में तब्दील होता

महसूस होता था। वह उन दिनों की तसवीरों में तब तक खोया रहा जब तक सुबह के पंछी अपने काम पर नहीं जाने लगे। हवा में पर्याप्त ठंडक घुल गई तो उसने सहलाकर मानिक की पलकों को बन्द कर दिया।

उसकी नींद बाहर हो रही हलचल से खुली। वह आँखें मलता हुआ बाहर आया तो वहाँ दूसरे गाँव से दो बूढ़े अपने जवान बेटों के साथ मौजूद थे।

"बेटा हमारे भाई ने हमारे सारे खेत हड़प लिये हैं। कचहरी में मुकदमा भी किया है लेकिन उसने वकीलों को खरीद के हमारा केस एकदम कमजोर कर दिया। हम अपने खेत से हाथ धो चुके हैं लेकिन बेटा अब तुम्हारे भरोसे आए हैं कि उसको मार देने के अलावा कोई रास्ता नहीं बचा।"

दूसरे बूढ़े ने उसकी बात काटते हुए अपनी आवाज तेज की, "बेटा मानिक, तुम्हारे पिताजी हमारे मित्र रहे। हमारा नाम सुने होंगे उनके मुँह से। बेटा हम बहुत परेशान हैं, पता चला कि तुमने मंत्र मारा है तो तुम्हारे गाँव के जमींदार खून उलट रहे हैं। हमारी भी मदद कर दो बेटा। हमारे इलाके का परधान है उसने हमारा जीवन नरक कर दिया है, उसको मार दो बेटा मंत्र पढ़ के।"

उनकी बातें सुनकर मानिक के सामने रात वाला दृश्य कौंध गया। उसे लगा कि जिस चीज से वह भाग रहा था उसने आकर उसे अचानक दबोच लिया है। उसके पढ़े हुए मंत्र की वजह से एक जिन्दा इनसान खून की उल्टियाँ कर रहा है। उसने सभी लोगों को वहाँ से भगाया और दरवाजा बन्द कर चुपचाप भीतर बैठ गया। न सुबह उसे कुछ खाने की इच्छा हुई न दोपहर और न शाम को रात में बदलते उसने आसमान में देखा। रात के अँधेरे में एक ही जगह पर चुपचाप लेटे बैठे उसका दिमाग शून्य हो गया था। उसे समझ नहीं आ रहा था कि उसने अच्छा किया है या बुरा। उसके जरिये ये जो हुआ है वो ठीक हुआ या नहीं। उसे ऐसा करना चाहिए था या नहीं। उसी पल उसे महसूस हुआ कि उसके पास सचमुच ये ताकत थी जिसका विश्वास किसी को नहीं था। उसके दिमाग में एक के बाद एक विचार दौड़ रहे थे और उसका दिमाग विचारों की वजह से फट रहा था कि दरवाजे पर दस्तक हुई।

सम्पत ने उसे बताया कि अलस्सुबह मनहर को खून की उल्टियाँ शुरू हो गई थीं। हैरान सम्पत ने इस बात को सिर्फ अपनी बीवी से बताया था क्योंकि वह खुद को रोक नहीं पा रहा था। उसके मन में इस बात को लेकर तूफान मचा था कि उसके साथ पूरी जिन्दगी साथ रहने वाला इनसान इतना

चमत्कारी था और उसे कभी इस पर विश्वास नहीं हुआ। उसने अपनी पत्नी को ये बात बताई और उससे कसम ली कि इसे किसी को नहीं बताना है। जैसा कसमों का दस्तूर होता है, उसकी पत्नी ने भी शायद सबसे कसम ले कर ये राज कुछ इस तरह बाँटा था कि कुछ ही घंटों में सबकी जबान पर ये बात थी कि मानिक के पास कोई ऐसा मंत्र है जो पढ़कर वह नीबू काट दे तो दुश्मन खून की उल्टी करता हुआ मर जाता है।

सम्पत देर रात तक मानिक के पास बैठा रहा और दोनों ने बहुत कम बातें कीं। मानिक समझ गया कि बचपन से बाबाओं और चमत्कारों की शौकीन इस धरती पर अब सब उसे भी जल्दी ही बाबा बना देंगे। उसे एक पल के लिए चिन्ता हुई कि वह अब यहाँ पहले जैसी सामान्य जिन्दगी कभी नहीं बिता पाएगा। सम्पत पहले से बिलकुल अलग इनसान दिख रहा था और वह न चाहते हुए भी उसकी बातों में मानिक के प्रति सम्मान का भाव झलक रहा था। वह बेहद सहज होने की कोशिश में भी मानिक से पहले जैसी बातें नहीं कर पा रहा था। मानिक भी हाँ-हूँ में जवाब दे रहा था। आखिरकार काफी रात हो जाने के बाद सम्पत चुपचाप उठा और जाने लगा। मानिक हमेशा की तरह उसे छोड़ने के लिए नहीं उठा। सम्पत जाकर दरवाजे पर थोड़ी देर खड़ा मानिक को देखता रहा। मानिक उस समय भी शून्य में देख रहा था और उसे पता भी नहीं चला कि सम्पत सीधा उठकर जाने की बजाय दरवाजे पर खड़ा अजीब नजरों से उसे देख रहा है। अचानक सम्पत तेजी से मानिक के पास आया तो वह चौंक गया। सम्पत ने मानिक की दोनों हथेलियाँ अपनी हथेलियों में पकड़ीं और आँखों में आँसू भरे हुए बोला, "मुझे माफ कर देना दोस्त, मैं वाकई तुझे चूतिया समझता था।"

मानिक को उसकी इस हरकत से हैरानी हुई। यह सम्पत की न तो देहभाषा थी और न भाषा। मानिक एक मुर्दा मुस्कराहट मुस्कराया जो लालटेन की रोशनी में बेहद डरावनी लगी। सम्पत ने अचानक फिर से माफी शब्द का प्रयोग करते हुए एक वाक्य कहा और अपने हाथ मानिक के पाँव पर ले गया।

मानिक को अचानक लगा जैसे वह एक आम इनसान से एक बाबा में बदल रहा है। उसने सम्पत का हाथ झटक दिया, "अब साले तुम चूतिया लग रहे हो।" मानिक ने आवाज को सामान्य बनाते हुए कहा। सम्पत को लगा

जैसे इस एक घटना से वह अपने दोस्त से काफी दूर हो गया। वह उठा और तेज कदमों से बाहर के अँधेरे में विलुप्त हो गया।

मानिक को अचानक बिलकुल अकेले हो जाने का एहसास हुआ। उसे लगा जैसे वह पूरी दुनिया में बिलकुल अकेला है। बचपन से सिर्फ एक इनसान उसके साथ परछाईं की तरह रहा है और आज वह भी उसे अपने से अलग मानने लगा है। सम्पत की हरकत को याद कर मानिक की आँखें बुरी तरह डबडबा गईं जिसे उसने ये कहकर सांत्वना दी कि जो भी हुआ है अच्छा हुआ है क्योंकि यह उसके प्रेम के हक में है। उसकी पूरी जिन्दगी सिर्फ उसके प्रेम के नाम है और बदले में उसे कुछ नहीं चाहिए।

वह फिर पिछली रात की तरह भोर तक जागा विचारों और दृश्यों में उलझता रहा। भोर के साथ उसे कुछ देर के लिए नींद आई।

उसकी नींद किसी सुगन्ध से खुली। उसे अपनी झोंपड़ी में अधनींदे लेटे ही एहसास हुआ कि उसकी ओर कोई रोशनी से भरी दिव्य आकृति आ रही है। दरवाजे से दूर एक आकृति दिख रही थी और मानिक को पूरा विश्वास हो गया है कि ये या तो प्रेम का देवता होगा या फिर मृत्यु का। उसके हाथों जो हो गया है, उसके लिए या तो प्रेम का देवता उस पर खुश होकर उसे वरदान देने आ रहा होगा या फिर जो हुआ है, उसके लिए सजा देने। उसे लगा आज अगर उसकी जिन्दगी का आखिरी दिन हो तो कितना अच्छा हो। अब आगे जीना और ज्यादा कष्ट देगा, ये बात न जाने क्यों उसके दिमाग में लगातार नींद में भी कौंध रही थी। जब आकृति काफी करीब आ गई तो मानिक ने गौर किया ये किसी औरत की आकृति थी। उसने हल्के फिरोजी रंग की साड़ी पहन रखी थी और तेज कदमों से मानिक की झोंपड़ी की ही तरफ आ रही थी। थोड़ा और पास आने पर मानिक ने देखा कि औरत की इस आकृति ने खुद को शॉल से कुछ सायास तरीके से लपेट रखा था। मानिक को अचानक लगा फिर आसपास के गाँव से आने वाली ये कोई ऐसी औरत न हो जो उसे अपने दुश्मन को मंत्र से मारने की लालसा लेकर आई हो। मानिक पास पड़ी बंडी देह पर डालता बाहर निकल आया।

बाहर ठीक-ठाक धूप थी। दिशा उलटी होने के कारण मानिक जैसे ही बाहर निकला, चटक सूरज से उसकी आँखें चुँधिया गईं। उसे आँखों के सामने हथेली लगाकर सामने खड़ी औरत का चेहरा पहचानना पड़ा। औरत

ने अपने चेहरे को शॉल के नकाब से आजाद कर दिया। मानिक को लगा जैसे यह वाकई उसकी जिन्दगी का आखिरी दिन है। उसकी आँखें चंचल पक्षी की तरह यहाँ-वहाँ नाचने लगीं। कभी वह सामने खड़ी औरत के चेहरे पर जाती तो कभी उसके आसपास जहाँ उसके बचपन और किशोरावस्था के चेहरे छिपे हुए थे। मानिक के चेहरे पर पहले एक मुस्कान आई जो बिलकुल ऐन 28 साल बाद आई थी। उसे फिर से महसूस हुआ कि वह एक समय यात्री है और जीवन सिर्फ एक समय से दूसरे समय में चले जाने का नाम है। उसके कदम वहीं बँध गए थे और सूरज की किरणों के बीच उसे जो चेहरा दमकता हुआ दिख रहा था, वह उसे विश्वास दिला रहा था कि वह दुनिया का सबसे बड़ा प्रेमी है और सबसे ताकतवर इनसान। उसे समझ में नहीं आ रहा था कि वह उसे लेकर अन्दर जाए या फिर वहीं खाट निकालकर बैठने के लिए कहे। उसे महसूस हुआ कि जो उसका था वह उसका ही था। समय का एक चक्कर काटकर वह आमने-सामने फिर से उसी स्थिति में खड़े हैं। बीच के 28 साल जैसे किसी एकरसता से भरे नाटक की रिहर्सल थे जो आज खत्म हो गए। उसकी नजर यहाँ-वहाँ से भागती हुई पहली बार उसके होंठों पर रुकी। होंठ लाली से रहित और सूखे हुए थे और उन पर पपड़ी जमी हुई थी जो बता रही थी कि इनमें बहुत देर से पानी की बूँद नहीं पड़ी। मानिक अब उस दुनिया के सबसे अपने लगने वाले चेहरे की ओर बढ़ा।

वह जैसे ही एक कदम बढ़ा, वह दो कदम पीछे हट गई।

"गाँव में हल्ला है कि तुमने उन पर कोई मंत्र चलाया है। उनकी तबीयत बिगड़ती जा रही है। मन्नू, अगर वो नहीं रहे तो मैं भी नहीं रहूँगी। तुम अपना मंत्र वापस ले लो।"

इतना बोलकर वह जाने के लिए पलट गई। मानिक उसे जाता देखता रहा। उसे लगा पिछले जन्म में उसका नाम मन्नू था और पिछले ही जन्म में वह एक छोटा बच्चा था जिसे उसके माँ-बाप बहुत प्यार करते थे। उसे बेतरह अपनी माँ की याद आई और वह धम से वहीं पर बैठ गया। बैठने पर उसे लगा कि उसके आसपास की धरती तेजी से घूम रही है। उसने सिर ऊपर उठाया तो उसे आसमान भी तेजी से घूमता हुआ नजर आया। दूर उसे आटा चक्की के चलने की आवाज सुनाई दी जिससे पता चला कि आज सम्पत ने देरी होता देख चक्की खुद चालू कर दी है।

सम्पत का नाम मन में आने पर उसे किसी अजनबीयत का एहसास हुआ और वह फिर से आकर उसी अवस्था में लेट गया जैसे पहले लेटा था। थोड़ी देर उसी तरह लेटे रहने के बाद उसे अचानक लगने लगा कि अभी जो कुछ उसके साथ हुआ है वह सिर्फ उसके मन का फितूर था। वह न तो कुछ देर पहले उठकर बाहर गया था और न ही किसी ने उससे कुछ कहा है। उसने इस बात को पूरी तरह झुठला दिया और आँखें बन्द कर लीं। आँखें बन्द करते ही उसके सामने वे होंठ सूखे हुए दिखे जिन पर मुस्कराहट देखने के लिए उसने कभी गाँव नहीं छोड़ा। वह बेचैन होकर बैठ गया। आटा चक्की की दूर से आती आवाज पहले बहुत धीमी सुनाई दे रही थी लेकिन अब उसकी आवाज तेज हो रही थी। थोड़ी देर में ये आवाज बहुत तेज हो गई। मानिक को अचानक महसूस हुआ कि यह आवाज उसके कलेजे से आ रही है। उसने किसी का चेहरा याद करना चाहा जिसके पास जाने पर इस वक्त राहत मिलती। उसे कोई चेहरा याद नहीं आया। एक क्षण ऐसा आता है जिसका दर्द नितान्त अपना होता है। दुनिया की आबादी चाहे जितनी बढ़ जाए, उस अकेलेपन को काटने वाला कोई दूसरा नहीं होता। ज्यादातर बार ये अकेलापन उस सबसे करीबी का दिया होता है जिसके सहारे कभी सोचते थे कि वो वाला अकेलापन भी दूर हो सकेगा। उस अकेलेपन ने मानिक को बेचैन कर दिया। वह उठकर टहलने लगा। उसे अचानक महसूस हुआ कि उसने कितना बड़ा कदम उठा दिया है।

मंत्र को लेकर मानिक को मन के सबसे भीतरी कोने तक विश्वास था कि इसका एक बार प्रयोग होगा और जिस पर होगा वह नहीं बचेगा। उन सूखे होंठों को देखने के बाद मानिक की बरसों से सजाकर रखी गई एक खुशनुमा याद खंडित हो गई थी। वह जब भी खयाल में वह उन कली से ताजे होंठों को लाना चाहता, यही सूखे होंठ उस आकृति पर आरोपित हो जाते। उसे लगा उसने अपने हाथों से वह काम कर दिया है जिससे बचाने के लिए पूरी जिन्दगी यत्न करता रहा। जिसके चेहरे पर खुशी देखने की उम्मीद पर वह अपनी मृत्यु को टाले हुए है, उसके चेहरे पर भय की छाया ने उसे डरा दिया था। उस चेहरे को विधवा के शरीर पर देखने की कल्पना से वह एक बार फिर काँप गया। उसकी यह छवि मंत्र पढ़ने के बाद एक बार भी मन में नहीं आई थी लेकिन एक बार दिमाग में कौंधने के बाद बराबर आने लगी।

उसे लगा उसने अपनी जिन्दगी की ऐसी सबसे बड़ी गलती कर दी है जिसका कर्ज शायद उसकी मौत से भी न चुक सके।

मंत्र को वापस कैसे लिया जाता है, यह न कभी उसके दिमाग में आया था और न ही उसने सोचने की कोशिश की थी। बाबा का भी पूरा फोकस सिखाते हुए सिखाने की प्रक्रिया पर ही रहा था और मानिक भी जल्दी से जल्दी मंत्र सीखने के चक्कर में था तो इसके आगे का कुछ और पूछने का उसे ध्यान ही नहीं रहा था। उसके दिमाग में खड़ेश्वरी बाबा के मेजबान का चेहरा आया जो पास के गाँव का रहने वाला था। उसके पास गाँव में सबसे ज्यादा गायें थीं और वह धरम-करम के कार्यों में इतनी रुचि रखता था कि उसने अपने बेटों के नाम भी धर्मराज, धर्मशील और धर्मदेव रखे थे। खड़ेश्वरी बाबा ने गाँव में सिर्फ उसी का आतिथ्य स्वीकार किया था क्योंकि वो जानते थे कि कोई अन्धविश्वासी और अमीर आदमी ही उनके सारे नखरे उठा सकता है। उनका कहना था कि उनके महीने भर के अनुष्ठान के आयोजक यानी मेजबान को इतना फल मिलता है कि दूसरे लोक में किसी अतिरिक्त व्यवस्था की जरूरत नहीं होगी। इस कथा, व्रत, जागरण और हवन सभी क्रियाओं को समेटे महीने भर के कार्यक्रम में इतना पुण्य मिलता है कि छिड़क देने पर राह चलते लोगों को भी हासिल हो सकता है। खड़ेश्वरी बाबा ने पहली बार अन्धविश्वास फैलाने वाले तरीकों को व्यवस्थित किया और एक पैकेज का रूप दिया था। एक महीने के आयोजन के बदले वह पूरे जीवन का पुण्य दिलाने का वादा करते और दो-चार गाँवों को मिलाकर सिर्फ एक मेजबान चुनते जिसके बारे में उनके लौंडे यानी युवा भगत महीने भर से पता लगा रहे होते।

खड़ेश्वरी बाबा का मेजबान दोनों हाथों से पैसे कमाने वाले दिनों में था और उसे ये सौदा सस्ता ही लगता था कि सिर्फ कुछ हजार रुपये खर्च कर देने से जीवन भर का पुण्य उसके खाते में जमा हो जाएगा। ऐसे ही उत्साह में उसने खड़ेश्वरी बाबा के बजट में बेहतरी के लिए बदलाव किया था और फँस गया था। खड़ेश्वरी बाबा ने बजट में बताया कि इतने-इतने खर्चों के बाद महीने पश्चात् जब वे और उनकी भक्त मंडली रवाना हो तो सबको दक्षिणा में पचास-पचास रुपये दिए जाएँ। मेजबान अतिरिक्त जोश में था और उसने खड़ेश्वरी बाबा से कहा कि वह सबको पचास की जगह सौ रुपये देगा। ये

बात खड़ेश्वरी बाबा को चुभ गई। उन्हें लगा उनका मेजबान उनकी सिद्धि और सालों की तपस्या को पैसों से तौलना चाहता है। उन्होंने इस बात की चुभन को कम करने के लिए आसपास नजर दौड़ाई तो उन्हें महसूस हुआ कि वह पैसे बढ़ाकर या किसी और तरीके से मेजबान की दी हुई इस चुभन को नहीं लौटा सकते। बाबा ने अपना तुरुप का पत्ता निकाला। उन्होंने मेजबान से कहा कि शुरू के तीन हफ्ते तो आपके हलवाई भोजन पकाएँ या आपके घर की औरतें, कोई फर्क नहीं पड़ता लेकिन आखिरी एक हफ्ते में घर के स्वामी और उसकी स्वामिनी यानी पत्नी को अपने हाथों से पूरे गाँव का भोजन बनाना होगा। पत्नी की मेहनत से मेजबान को बहुत मतलब नहीं था लेकिन एक हफ्ते तक पूरे गाँव के लिए खुद भोजन बनाने वाली बात से वह दहशत में आ गया। उसके चेहरे पर दहशत देखकर खड़ेश्वरी बाबा की चुभन कुछ कम हुई थी और वह अपने सामान्य पूजा-पाठ में खड़े-खड़े लग गए थे।

मानिक को जैसे ही मेजबान का खयाल आया, उसकी बेचैनी की दिशा दूसरी तरफ हो गई। वह तुरन्त बगल वाले गाँव के लिए निकल पड़ा। इतने सालों में कभी-कभी वह मेजबान उसे गाँव की साप्ताहिक हाट में गुजरता हुआ दिखा था और मानिक, उसे नमस्कार न करना पड़े, इसलिए चुपके से निकल जाता था। उसके बाल पूरे सफेद हो चुके थे और अगर वह मुँह न खोले तो काफी जानकार, शान्त और स्थितप्रज्ञ मालूम पड़ता था। मानिक ने सुना था कि उसने बाद में व्यवसाय में नुकसान होने के बाद बहुत संयत और समझदार तरीके से अपने गिरते व्यवसाय को फिर से खड़ा किया था और इस बात के लिए कई गाँवों तक उसका सम्मान किया जाता था।

मानिक को देखकर उसके चेहरे पर कोई भाव नहीं आया। उसने शान्त स्वर में कहा, "ऊपर वाला सबको करनी का दंड देता है। हम केवल उसके माध्यम बनते हैं जैसे मनहर के लिए माध्यम बने तुम।"

मानिक ने उससे कहा कि उसने पहली बार मारण मंत्र का प्रयोग किया है और उसे बिलकुल भी इल्म नहीं कि यह मंत्र उतारा कैसे जाता है। वह शान्त रहा। उसने कहा कि वह अब धार्मिक नहीं रहा और समझ चुका है कि सारे अन्धविश्वास लोगों को उल्लू बनाने के लिए हैं। किसी एक ईश्वर जैसी सत्ता में उसका विश्वास नहीं रहा और अब वह अपने जीवन के अर्थ को लेकर चिन्तित रहता है।

जैसे धर्मभीरु इनसान थोड़ा पढ़-लिख जाने या अनुभव से परिपक्व हो जाने पर आध्यात्मिक हो जाता है और अक्सर विरोधाभासी बातें करता है, मेजबान भी उसी स्थिति को प्राप्त हो गया था। उसका कहना था कि उसे नहीं पता कि जितने बाबाओं और साधुओं की उसने जिन्दगी भर सेवा की, उसका कोई फल उसे प्राप्त हुआ या नहीं लेकिन ये जरूर तय है कि जीवन इतना सरल नहीं है। मानिक को उसके फलसफे में जरा भी रुचि पैदा नहीं हुई और वह लगातार खड़ेश्वरी बाबा और मारण मंत्र के बारे में जानकारियाँ लेता रहा तो आखिरकार मेजबान ने उसकी बात समझी। उसकी बात का पता नहीं कौन सा हिस्सा उसने किस तरह समझा लेकिन बाद में जो बताया उसमें मानिक के काम का यही था कि यहाँ से बीस कोस दूर बेधक में, जहाँ पहाड़ों की सीमा है, वहाँ दुनिया की हलचल से छिपकर कुछ तांत्रिक और अघोरपंथ के संन्यासी रहते हैं। उन्हें इससे सम्बन्धित सभी चीजों की जानकारी है लेकिन किसी आम मनुष्य का वहाँ जाना और उनसे संवाद करना बेहद कठिन बात है। ये तो तय है कि जितना सुना गया है उससे यही पता चलता है कि मारण मंत्र को एक बार चलाने के बाद वापस नहीं लिया जा सकता। फिर भी वह अगर कोशिश करना चाहता है तो उसकी जानकारी के हिसाब से वही एक जगह है जहाँ कोशिश की जा सकती है।

मानिक बेधक के जंगल की ओर चल पड़ा। दसियों कोस तक फैले इस घने जंगल में इलाके के कई वांछित डकैत छिपते थे। कई किलोमीटर तक फैले इस जंगल के बाद दुर्गम पहाड़ों का क्षेत्र शुरू हो जाता था।

जंगल का शुरुआती हिस्सा मानिक का परिचित था क्योंकि इसके आसपास वह बीस साल तक भटका था। यहाँ के पेड़ उसे पहचानते थे और यहाँ की हवा से वह परिचित था। शुरुआती कुछ किलोमीटर तक वही क्षेत्र मानिक को पुरानी यादों में खींचता रहा जहाँ बतौर जमींदार साहब के मुलाजिम वह लकड़ियों के कटने और उनके बँधवाने भिजवाने का प्रमुख हुआ करता था। वहाँ से निकलने के बाद जब घने जंगल वाला क्षेत्र शुरू हुआ तो मानिक को एहसास हुआ कि बेधक के जंगल की बीहड़ता के बारे में जो कहानियाँ उसने अपने बाबा और पुरखों से सुनी थी, वे सच थीं। कुछ कोस चलने के बाद जंगल इतना घना हो जाता था कि वहाँ सूरज की रोशनी छन-छन कर पहुँचती थी और जंगल को एक अनोखा रहस्यमयी चेहरा प्रदान करती थीं।

जंगल एक होने के बावजूद एक नहीं था। वह कुछ घंटे लगातार चलने के बाद जब एक जंगल पार करता तो उसके बाद अचानक उसे गोल पत्थरों वाला कोई इलाका मिलता जहाँ थोड़ी देर चलने के बाद उसके पाँव फूल जाते। फिर कोई इलाका ऐसा मिलता जहाँ काफी दूर तक पानी ही पानी होता। ये पानी उसके घुटने से नीचे ही रहता जिससे उसकी थकान को थोड़ी राहत मिलती। बारह कोस से अधिक का सफर काटकर मानिक ऐसे इलाके में पहुँच गया जहाँ से आगे नहीं सिर्फ ऊपर जाया जा सकता था। उसे लगा यहाँ तक का दुर्गम सफर कर पहुँचने वाला वह पहला इनसान है लेकिन वहाँ की पहाड़ियों पर चढ़ने के लिए रस्सियों और बरगद की जटाओं से मिलकर बनी पहाड़ी से लटकती सीढ़ी ने उसके इस अन्दाजे को गलत साबित किया। ये सीढ़ी हेलीकॉप्टर और जहाज से लटकाई जाने वाली सीढ़ी जैसी थी। पहली और आखिरी बार मानिक ने ऐसी सीढ़ी तब देखी थी जब पहली और आखिरी ही बार एक मंत्री का आगमन उसके गाँव में हुआ था जो धौंस जमाने या फिर कोई पुराना अरमान पूरा करने के लिए अपनी जनता के बीच हेलीकॉप्टर से ऐसी ही सीढ़ी लगाकर उतरा था। पहाड़ी से जो झरना अनियमित धार के साथ गिर रहा था उसे एक लोहे की पाइप लगाकर मोटी धार का रूप दे दिया गया था। मानिक ने सीढ़ी पर आधा चढ़ने के बाद नीचे की ओर देखा तो उसे चक्कर आ गया। सैकड़ों मील गहरी खाई और दूर तक फैला जंगल उसके भीतर जीत का हल्का एहसास भर रहा था। मानिक को लगा उसकी तलाश अब खत्म हो जाएगी। किसी इनसानी शरीर को देखने की उसकी आँखों की अड़तालीस घंटों की भूख यहाँ शान्त होगी। सीढ़ी का सहारा लेकर जैसे ही वह सबसे ऊँची पहाड़ी पर पहुँचा, उसकी नजर पहाड़ी में बनी एक गुफा पर पड़ी। गुफा के बाहर एक चटाई पड़ी थी जिसके रेशे उधड़ने लगे थे। मानिक थककर चूर हो गया था। लम्बी-लम्बी साँसें भरने के साथ वह वहीं एक चट्टान पर लेट गया। थकान से उसका शरीर गीला कपड़ा हो गया था जिससे पसीना टप-टप चू रहा था। उसकी इच्छा हो रही थी कि कोई उसके पूरे शरीर को उठाकर जोर से निचोड़ देता और कहीं ठंडी हवा में सूखने के लिए फैला देता। वह साँसों को संयत करने की कोशिश करता-करता सो गया।

वह उठा तो उसे याद आया कि आज की शाम घर से बाहर उसकी तीसरी शाम है। पिछली दो रातें उसने जंगल में रुककर काटी हैं और आज

वह अपनी मंजिल पर पहुँचा है। लेकिन उसका मन उसे पूरी तरह आश्वस्त नहीं कर पा रहा था कि यह उसकी मंजिल है या नहीं। उसने गुफा की ओर नजर घुमाई तो उसके मन ने इस बाबत निमिष भर में उसे आश्वस्त कर दिया। लम्बी काली दाढ़ी और गेरुए कपड़े में वह कोई पहुँचा हुआ सिद्ध लग रहा था। अचानक एक तेज हवा चली और मानिक को लगा उसकी सारी थकान को उस सिद्ध पुरुष ने हर लिया है। वह एक झटके से उठा और जाकर उस बाबा के चरणों में गिर गया। बाबा ने धीरे से अपनी आँखें खोलीं और उसे गौर से देखने लगा। उसके चेहरे पर तेज और आँखों में गहराई देखकर मानिक की आँखों से आँसू गिरने लगे। मानिक ने उसके सामने अपनी पूरी जिन्दगी की तहें बिखरा दीं। बाबा इस कदर खामोश था कि उसकी जिन्दगी में इससे बड़ी-बड़ी मानीखेज कहानियाँ हर मोड़ पर मिलती रही हैं और ऐसी कहानियाँ उसकी जिन्दगी में कोई मायने नहीं रखतीं। मानिक ने पूरी कहानी सुनाई तो उसकी आँखें भरकर बहने लगी थीं। बाबा के माथे पर ऊब की सिकुड़न आ गई थी और जब मानिक के कई बार पूछने पर उसने न समझ में आने वाले इशारे किए तो मानिक समझ गया कि वो मौनी बाबा है जिसने बिना बोले तपस्या करने का व्रत लिया होगा। जब मानिक ने कई बार मारण मंत्र को वापस लेने का तरीका पूछा तो बाबा ने इनकार में सिर हिलाया। मानिक समझ गया कि उसने सही सुना है कि मारण मंत्र को वापस नहीं लिया जा सकता। उसने मौनी बाबा के पाँव पकड़ लिये तो बाबा ने उसे पाँव झटककर एक ओर धकेल दिया। मानिक की आवाज भर्राई हुई थी।

"मैं जानता हूँ कि मंत्र को वापस नहीं लिया जा सकता लेकिन मैंने ये भी सुना है कि मंत्र को जिसने चलाया है वो वापस अपने ऊपर ले सकता है। मैं मंत्र अपने ऊपर लेना चाहता हूँ, उसका कहा मेरी जान से अधिक कीमती है।"

बाबा ने उसे त्रस्त हो जाने वाली नजर से देखा और अपनी हथेली को अपनी गरदन पर क्षैतिज रूप से रखते हुए आरी की तरह हिलाया। मानिक पहली बार बाबा को संवाद करता देख उत्साह से भर गया।

"हाँ, मैं समझ सकता हूँ कि मंत्र वापस अपने पर लेने पर मेरी मौत निश्चित है लेकिन फिर भी मैं लेना चाहता हूँ। मुझे बताइए मैं क्या करूँ?"

बाबा ने एक लम्बी साँस ली और वही गरदन कटने का इशारा करते हुए दो सौ मीटर दूर दिखते झरने की ओर हाथ किया जिससे यह समझा जा

सकता था कि जिस रास्ते से आया है उसी से वापस चला जा वरना मारा जाएगा। मानिक उत्साह में भर गया और उसके दिमाग ने जितना उसे समझाया, वह पानी ही उसे अपनी मुक्ति का रास्ता लगा। अगर मंत्र का अनुष्ठान अग्नि के सामने हुआ है तो उतारने का तरीका निश्चित ही पानी के जरिये होगा। वह अपनी बिखरी हुई ताकत बटोरता उठा और नीचे की ओर उतरने लगा। कुछ पहाड़ियों को पार करने के बाद बेहद ठंडे और साफ पानी का चश्मा सामने था।

मानिक के पहले छह-सात घंटे पानी में सामान्य बीते लेकिन उसके बाद उसे ठंड लगनी शुरू हो गई। वह गले तक पानी में पालथी मारकर बैठा हुआ मन ही मन मंत्र को वापस लेने की प्रार्थना कर रहा था। उसके सामने उसकी बीती हुई जिन्दगी के कुछ अच्छे-बुरे मगर यादगार क्षण लगातार गुजर रहे थे। उसे लगा उसके भीतर पिछले अट्ठाइस सालों में कुछ भी नहीं बदला। वह जिस तरह सत्रह की उम्र में सोचता था, कमोबेश ऐसा ही सोचता है जबकि उसके सभी दोस्तों का नजरिया धीरे-धीरे चीजों को लेकर कैसे आश्चर्यजनक रूप से बदलता गया था। दोस्तों की याद आने पर उसे सम्पत की याद सबसे ज्यादा आई और उसी के कुछ समय बाद उसके शरीर में ठंडे पानी का कम्पन शुरू हुआ। कुछ समय बाद उसके दाँत हल्के-हल्के किटकिटाने लगे और फिर वह कम्पन उसके पूरे शरीर में पसरने लगा। उसके अन्दाजे से जितना समय यानी पूरी रात की अवधि मंत्र को सिद्ध करने में लगी थी, कम से कम उतनी या उससे अधिक उसे वापस लेने के लिए भी चाहिए थी।

मानिक पानी के बीचोबीच बैठा था और अब दूर से देखने पर उसका शरीर एक लय में काँपता हुआ दिखाई दे रहा था। उसके हल्के-हल्के काँपने से जो लहर उठ रही थी, वही लहर पानी को गतिमान बनाए हुए थी। ऐसा लगता था जैसे यह हल्के से बहता हुआ पानी मानिक का इन्तजार कर रहा था जो आज उसके काँपने पर एक लय के साथ दूर तक वलय बना रहा था। मानिक की आँखों पर बेहोशी हावी हो रही थी और रात का आखिरी पहर बीतने वाला था। उसने भोर की पहली किरण के साथ पहाड़ियों में रोशनी उतरती देखी और उसी रोशनी में विपरीत दिशा से सम्पत को आता हुआ देखा। इसके बाद उसकी बार-बार खोलने की कोशिश में मुँद रही आँखें अपने आप मुँद गईं और वह पालथी मारे हुए ही उस पानी में गिर गया। पानी में उसकी खुली आँखों ने जो नजारा देखा वो इस दुनिया के अनुभवों से कुछ अलग था। पानी

के ऊपर उसे शुभी का चेहरा धुँधला-सा दिखाई दे रहा था। वह उस दिन की ही तरह खिलखिलाकर हँस रही थी जब मानिक ने उसे अपने पति को पहली बार अपनी जूठी चाय पिलाकर हँसते हुए देखा था। उसकी हँसी की आवाज पानी में से छनकर मानिक के कानों तक पहुँच रही थी और ऐसा लग रहा था जैसे उस हँसी में उसकी खुद की भी हँसी शामिल थी। पीछे से आती एक हल्की लहर ने उसे एक ओर फेंक दिया और पहले से मुँद रही उसकी आँखें कुछ देर के लिए बन्द हो गईं।

उसकी आँख खुली तो सम्पत उसके ऊपर झुका हुआ था। उसने पाया कि उसका काँपता हुआ शरीर बाबा की चटाई पर पड़ा हुआ है और उसके ऊपर कई बोरे रखकर उसे ढका गया है जो शायद बाबा की गुफा से आए होंगे। उसने सिर धीमे से घुमाकर बाबा की गुफा की ओर देखना चाहा। सम्पत ने उस दिशा में देखा।

"कोई था क्या यहाँ जब तुम आए? मैंने तो बहुत देखा, कोई नहीं दूर-दूर तक।"

मानिक की झपकती आँखों में सवाल थे जिसे सम्पत ने अपने अनुसार पढ़ने की कोशिश की।

"तुम जहाँ इतने दिन की मेहनत से जान हथेली पे रख के आए, वहाँ पीछे से आने का भी एक रास्ता है। मैं तो साइकिल से आया हूँ। उधर जहाँ पहाड़ियाँ खत्म होती हैं वहाँ दूसरे राज्य की सीमा शुरू होती है और वहाँ अच्छी-खासी तारकोल वाली सड़क है। वहीं मैंने साइकिल खड़ी की है। चलो घर चलते हैं।"

मानिक को कुछ स्पष्ट सुनाई नहीं दिया। सम्पत ने मानिक का हाथ थामा हुआ था। सूरज कहीं भी होगा लेकिन चमक मानिक की आँखों के ठीक ऊपर रहा था जिसकी वजह से मानिक को सम्पत की आवाज भी बादलों से आती सुनाई दे रही थी। उसे बादलों से अपनी ओर झाँकता धुँधला चेहरा भी स्पष्ट दिखाई देने लगा था जो अभी थोड़ी देर पहले उसे पानी से ऊपर दिखा था। उसके हाथ-पाँव सुन्न हो गए थे और बिलकुल महसूस नहीं हो रहे थे। उनकी कँपकँपाहट बन्द हो चुकी थी और मानिक को महसूस हुआ जैसे वह धीरे-धीरे अपने प्राण अपने अंगों से वापस बटोर रहा है। हाथ-पाँव सुन्न हो जाने के बाद अब वह अपने धड़ से भी अपने प्राण वापस समेट रहा था।

सम्पत जो भी बोल रहा था, मानिक को कुछ सुनाई नहीं दे रहा था। उसे सिर्फ महसूस हो रहा था कि कोई उसके ऊपर झुका हुआ है और कोई आवाज दूर बादलों से उस तक पहुँचना चाहती है लेकिन वह उसे स्पष्ट सुन नहीं पा रहा। उसने अपनी चुँधियाती आँखें पूरी ताकत से खोलने की कोशिश की लेकिन कामयाब नहीं हुआ।

"यार कल से तुझे यहाँ-वहाँ खोज रहा हूँ। मनहर की तबीयत अब ठीक है। वो शहर जाने को तैयार नहीं हो रहा था तो भतीजा शहर से एक बड़े डॉक्टर को ले आया था। डॉक्टर ने दारू एकदम से छोड़ने को कहा है उसको...।"

मानिक को जो हल्की गूँजती हुई आवाज अब तक आ रही थी, वो भी आनी बन्द हो गई और अब तक बादलों में जो चेहरा अस्पष्ट-सी आकृति लिए नजर आ रहा था, वो बिलकुल स्पष्ट हो गया। वह सत्रह साल की शुभी थी जिसने नाक में वही कील पहनी थी जो उसने मानिक के कहने पर पसन्द की थी। पहले उसे गाँव की बाकी लड़कियों के उलट नाक-कान छिदवाने में बिलकुल रुचि नहीं थी लेकिन एक हल्की धूप वाले छरहरे दिन में जब मानिक ने उससे कहा था कि उसकी नाक में नथनी बहुत अच्छी लगेगी तो उसने जबरदस्ती सोलह साल की उम्र में अपनी माँ और चाची से जिद करके नाक-कान छिदवाए थे। मानिक ने ऐसे ही एक दिन रास्ते में रोज होने वाली पाँच मिनट की संक्षिप्त मुलाकात में कहा था कि शादी के बाद वह उसके लिए सोने की लौंग बनवाएगा और वह मुस्कराती हुई साइकिल पर तेज पैडल मारती निकल गई थी।

मानिक ने देखा शुभी का चेहरा धीरे-धीरे उसके पास आ रहा है। उसकी नाक की लौंग पर जो सूरज की किरण पड़ रही है वह उसके चेहरे पर एक ऐसी चुँधियाती रोशनी डाल रही है कि मानिक देर तक उसकी ओर लगातार नहीं देख सकता। मानिक मुस्कराता है क्योंकि शुभी भी मुस्कराई है। मानिक उसके चेहरे से उठ रही रोशनी की वजह से आँखें झपकाता है। वह शुभी को लगातार देखना चाहता है लेकिन उसकी आँखें बन्द होती जा रही हैं। उसे महसूस होता है कि कोई उसके पास बैठा है जो लगातार उससे कुछ कह रहा है और उसे झकझोर रहा है। उसे कुछ सुनाई नहीं दे रहा, उसे कुछ महसूस नहीं हो रहा। वह सिर्फ महसूस कर पा रहा है कि उसका पूरा शरीर फूल जैसा हल्का हो गया है और पलकें बहुत वजनी हो गई हैं। उसे

लगता है कि वह अपने निश्चल पड़े शरीर को थोड़ा भी हिला पाया तो वह उड़ने लगेगा लेकिन पलकें हैं कि गिरती ही जा रही हैं। शुभी का चेहरा उसके चेहरे के पास आ रहा है और जैसे-जैसे दोनों के चेहरे पास आ रहे हैं उसकी आँखें यूँ बन्द हो रही हैं जैसे अब यही उनकी आखिरी मंजिल है। उसी पल उसे अपना नाम सुनाई देता है और उसे महसूस होता है जैसे उसके शरीर को जोर-जोर से हिलाया जा रहा है। इससे उसे और अच्छा महसूस होता है और उसके होंठों पर एक मुस्कराहट आ जाती है क्योंकि शुभी के होंठ उसके होंठों के पास आ चुके होते हैं। वह पहल नहीं करना चाहता और थोड़ा शरमाकर अपनी आँखें बन्द कर लेता है। जैसे ही वह अपनी आँखें बन्द करता है, उसे पता चलता है कि शुभी के होंठ उसके होंठों पर हैं और वह उसके होंठों को अपने होंठों में भर रही है। मानिक को लगता है उसके पूरे शरीर से हल्की भाप उठ रही है और सब कुछ राख हो रहा है। ओह! कितना सुख है इस तरह अपने सबसे खूबसूरत क्षण में बीतते हुए राख होना! जो मुस्कान मानिक के होंठों पर थी, धीरे-धीरे उसे अपने पूरे शरीर में महसूस होती है। फिर वही मुस्कान उसे आसपास की पहाड़ियों और जंगल तक फैलती हुई महसूस होती है। फिर उसे लगता है कि सारा संसार उसकी इस मन्द और मीठी मुस्कराहट में समाता जा रहा है।

अचानक मानिक को याद आता है कि वह बहुत देर से झाड़ियों में है और अगर थोड़ी देर में वह गिल्ली लेकर बाहर नहीं गया तो उसके दोस्त उसे खोजते हुए आ जाएँगे। उसके निश्चल पड़े शरीर में फिर से एक आखिरी जुम्बिश होती है और उसके होंठों पर फिर से वही पूरे संसार में फैल चुकी मुस्कराहट तैर जाती है। जो-जो जिन्दगी के सबसे खूबसूरत एहसास हैं, वे बताए नहीं जा सकते। वे सिर्फ इसी तरह हल्की मुस्कराहट और नम आँखों के साथ महसूस किए जा सकते हैं। समय ही सारे एहसास देता है और समय गुजरने पर वही बताता है कि उन एहसासों की कद्र इतनी ही नहीं बहुत-बहुत ज्यादा की जानी चाहिए थी। जब आँखें समय की आखिरी नींद से भारी होने लगती हैं तो सिर्फ यही क्षण सामने आते हैं और जिन्दगी भर जिन चीजों के लिए कदम दौड़ते रहते हैं, वे इन क्षणों के सामने सिर उठाने की जरा भी कोशिश नहीं करते। सिर्फ एक क्षण को यह अनुभव होता है कि जीवन जैसा बीता है, उससे अच्छा बीत सकता था या उससे बुरा। मानिक

को लगता है कि वह इस एहसास को लपेटे हमेशा से इसी तरह मुस्कराता रहा है। इस बात पर उसकी मुस्कराहट थोड़ी और बड़ी हो जाती है जिसे वह देख नहीं सकता।

उसे सम्पत के साथ बाकी दोस्तों की भी पास आती आवाजें सुनाई देती हैं और तभी कहीं दूर कुकर की सीटी बजती है। मानिक अपने होंठों को गोल कर शुभी के होंठों को अपने होंठों में भरने की फिर से एक हल्की कोशिश करता है।

दोस्तों की आवाज उतनी ही पास आ जाती है जितनी दूर कुकर की सीटी की आवाज होती है। मानिक की नाक में अचानक एक क्षण के लिए छौंकी जा रही दाल की तीव्र गन्ध आती है।

# पर्स

*(जिस चीज का वजन कम हो उसकी गति अधिक होती है।)*

अपनी जानकारी में मैं दुनिया का सबसे चौकन्ना इनसान हूँ। आप इस बात की तस्दीक मेरे मुहल्ले या ऑफिस के किसी भी आदमी से कर सकते हैं और मैं यह अच्छी तरह जानता हूँ कि कौन सा आदमी मेरे चौकन्नेपन के बारे में बताने के लिए कौन सा उदाहरण देगा। यह भी मेरे चौकन्नेपन का एक नमूना है।

वैसे तो मैं आपको इस बात के दसियों उदाहरण देकर साबित कर सकता हूँ, घर-परिवार के, दफ्तर के, सेहत के, जीवन के हर मोड़ पर आपको मेरे चौकन्नेपन का जलवा दिखाई देगा। घर-परिवार की बातों पर आप भी जरूर अपनी या अपने किसी चहेते की बात उठा लाएँगे या ऑफिस की बात कहने पर कह सकते हैं कि यह चौकन्नापन नहीं चमचागिरी या कुछ और है। मैं एक ऐसे उदाहरण से अपनी बात को सही साबित करूँगा कि आपको फिर कुछ सूझेगा नहीं।

बयालीस साल की उम्र तक दिल्ली और मुम्बई जैसे शहरों में नौकरी करते हुए, बाकायदा मुम्बई की लोकल और दिल्ली में डीटीसी बसों की यात्रा करते हुए अगर किसी आदमी की जेब कभी न कटी हो तो आप क्या कहेंगे? खा गए न चक्कर? कभी नहीं मतलब कभी नहीं। नहीं मान्यवर, एक बार भी नहीं। अरे मेरी याददाश्त पर शक मत कीजिए, यह आज भी चौबीस की उम्र जैसी है।

बसों या लोकल ट्रेन में चढ़ते हुए मेरे दिमाग में न ऑफिस होता है न भीड़। मेरी हथेली तुरन्त मेरी पिछली जेब पर जाती है और मैं अपना बटुआ निकालकर जींस के आगे वाली जेब में रख लेता हूँ। भीड़ भरी लोकल में

खड़ा मैं सोचता रहता हूँ कि आज फिर मेरा पर्स नहीं मारा जा सकता। मैं अपने से चार आदमियों के बाद खड़े एक लुक्खा दिखते नवयुवक की ओर देखता हूँ तो मुझे लगता है कि यह पॉकेटमार है। जब मैं चढ़ा था तो इसने मेरी पिछली जेब पर हाथ फिराया होगा और पर्स न पाकर अब मुझे गुस्से से घूर रहा है। मैं उसकी ओर देखकर विजयी मुस्कान मुस्कराता हूँ। 'मेरा पर्स मारना इतना आसान नहीं बच्चे' वाला भाव मेरे चेहरे पर है और मुझे मुस्कराते देख अपनी इज्जत रखने के लिए वह भी मुस्कराया है। वह अपनी भंगिमाओं से मुझे कहता हुआ दिख रहा है, "अगली बार नहीं बचेगा तुम्हारा पर्स।" मैं उसकी मुस्कराहट से डर जाता हूँ और अनायास ही मेरी हथेली अपनी अगली जेब पर होती है। पर्स सही-सलामत है। "मेरा पर्स मारना बच्चों का खेल नहीं।" आज तक एक बार भी मेरी जेब नहीं कटी।

मैं बाइक से कहीं जा रहा होता हूँ, मसलन घर से ऑफिस या ऑफिस से किसी काम से स्टेशन तो कभी-कभार एकाध लिफ्ट माँग रहे लोगों को अपनी बाइक की पिछली सीट पर बिठा लेता हूँ। मुझे लोगों की मदद करना अच्छा लगता है। लेकिन उसके बैठते ही मुझे याद आता है कि शिट, मेरा पर्स तो पिछली ही जेब में है और अब मैं बाइक रोककर पर्स निकालकर अगली जेब में रखूँ, यह अच्छा नहीं लगेगा। जब यह बैठा था तो मैं खड़े होने के बाद टेढ़ा होकर फिर बैठा था, उस एक पल के लिए मेरा ध्यान अपनी जेब से हटा था, अगर इसे मारना होगा तो इसने मेरा पर्स मार दिया होगा, होगा क्या, मार ही दिया लगता है। मैं अपने पर्स को महसूस करने के लिए बाइक की सीट पर पीछे की तरफ दाहिनी ओर झुकता हूँ। अपना दाहिना नितम्ब सीट पर दबाकर महसूस करता हूँ तो लगता है कि पर्स पीछे वाले जेब में सलामत है। लेकिन यह बात मैं सौ प्रतिशत निश्चित होकर नहीं कह सकता। हालाँकि अस्सी प्रतिशत सम्भावना है कि पर्स जेब में ही है लेकिन बीस प्रतिशत इस सम्भावना से इनकार नहीं किया जा सकता कि उसने बैठते ही पर्स मार लिया हो। शक्ल से स्कूली छात्र लगता है, मुझे अंकल कहा है लेकिन आजकल स्कूली छात्र ही तो सबसे ज्यादा इन सब कामों में लगे रहते हैं। फैशन और नशे ने युवा पीढ़ी को बरबाद कर रखा है। मैं बहुत कम पीता हूँ और अपने जीवन के बयालीस सालों में सिर्फ दो मौके ऐसे रहे हैं जब मैं पीकर होश खो बैठा हूँ। वह भी कॉलेज टाइम की बात है, उस समय मेरे जीवन में कोई

अनुशासन नहीं था। अब तो तीन पेग के बाद कोई दोस्ती की कसम देता-देता मर जाए, मैं टस से मस नहीं हो सकता। मेरे विल पॉवर की कसमें खाई जाती हैं भाई साहब।

"अंकल यहीं रोक दीजिए। थैंक्यू अंकल।" कहकर लड़का जाने के लिए पलटा है। इधर लड़का पलटा है और उधर मेरी हथेली मेरी पिछली जेब तक पहुँची है। शिट! पर्स सही-सलामत मौजूद है। मुझे खुद पर इस वक्त लोकल ट्रेन जैसी खुशी नहीं बल्कि शर्म-सी महसूस हुई है। एक अच्छा काम किया, अब उसका भी पुण्य मुझे नहीं मिलने वाला। एक बार शक कर मैंने अच्छे काम पर पानी फेर दिया है।

मेरी बगल से कोई भिखारी गुजर जाए या फिर कोई सेल्समैन रास्ते में मुझसे टाइम पूछकर आगे निकल जाए, छूटते ही मेरा हाथ जेब पर होता है। अगर आपको तुरन्त पता चल जाए तो पॉकेट मारने वाले को आप दौड़ाकर पकड़ सकते हैं। आप हँसेंगे कि आज भी और आज से दस-पन्द्रह साल पहले भी, भीड़ में मुझे कोई लड़की टक्कर मार जाए तो मेरे दिमाग में तुरन्त पिछले दिनों की अखबार में पढ़ी खबर की कटिंग दौड़ जाती है कि आजकल महिला पॉकेटमारों का गिरोह काफी सक्रिय है। पन्द्रह साल पहले वाली बात मैंने अपने चरित्र के बारे में बताने के लिए कही। उस उम्र में जब लड़के को लड़की के अलावा कोई और बात नहीं सूझती, मैंने कई लड़कियों से टकराने के बावजूद आज तक अपना पर्स नहीं खोया। मेरा ध्यान हमेशा पर्स पर रहता था। आपको विश्वास नहीं होगा कि मेरी पत्नी भी मेरी इस बात पर मेरा लोहा मानती है कि मेरी जेब में कितने रुपये पड़े हैं, चवन्नी की हद तक मुझे याद रहता है। अरे पचीस रुपये की ली थी मच्छर भगाने वाली अगरबत्ती, पचीस रुपये की दही, तीन रुपये का पान खाया था और पाँच रुपये का अदरक-धनिया खरीदा था, कुल हो गए अट्ठावन रुपये तो जेब में बचे चार सौ बयालीस रुपये। अब श्रीमती जी अपना हुनर दिखाएँगी तो मैं अगले दिन उनसे पूरे आत्मविश्वास से कहूँगा, "आपने मेरी जेब से एक सौ बयालीस रुपये निकाल लिये हैं वो वापस करिए।" उनके चेहरा देखने लायक होगा। इससे बचने के लिए शुरुआती ऐसे कुछ मौकों के बाद उन्होंने मेरे पर्स में हाथ डालना बन्द कर दिया।

मेरी इस खूबी का सभी लोग लोहा मानते हैं लेकिन मेरे बचपन का एक दोस्त रासबिहारी है जो इसके लिए मुझे कोसता है। मैं इसके पीछे का कारण

समझता हूँ। वह बहुत गरीब परिवार से है। बेचारे के पिताजी एक सरकारी ऑफिस में चपरासी थे और कई भाई-बहन होने के कारण इसकी माँ और बहनों को पहले लिफाफे बनाने पड़ते थे। अब अपनी मेहनत से रासबिहारी ने बैंक में अच्छी नौकरी पाई है। उसने बहुत गरीबी देखी है और वह जीवन का आनन्द लेना चाहता है। मैंने तो जीवन के बहुत आनन्द लिये हैं। पत्नी को लेकर शादी के बाद घूमने कश्मीर भी गया था।

रासबिहारी मुझे कंजूस कहता है लेकिन दरअसल बात यह है कि मुझे कभी किसी चीज की कमी नहीं रही इसलिए मुझे किसी चीज की हाह ने नहीं पीट रखा है। मेरे पिता ने मुझे दसवीं और बारहवीं में नेपाल और भूटान घुमाया था, मैं कश्मीर घूम चुका हूँ, अब कितनी जगहें देखेगा आदमी, हर जगह तो वही पहाड़ और नदियाँ होती हैं। कश्मीर इतनी खूबसूरत जगह है कि यहाँ घूमने के बाद आदमी इससे खूबसूरत जगह और कहाँ घूमेगा। श्रीमती जी मेरे इस तर्क पर नाराज हो जाती हैं और मुझे कंजूस कहने लगती हैं। वह रासबिहारी का उदाहरण देने लगती हैं जो साल भर इसलिए पैसे जुटाता है कि साल में वह अपने परिवार को एक बार कहीं घुमाने ले जा सके। अभी वह केरल घूमकर लौटा है और मेरी श्रीमती जी हैं कि उनके बेटे के कंप्यूटर पर नारियल के पेड़ों और समुद्र की तसवीरें जब से देखकर आई हैं, केरल जाने की जिद लिये बैठी हैं। मैंने कुल खर्चा जोड़ा है, इतने में हम साल भर आराम से बिजली का बिल भर सकते हैं। इन औरतों को भी न भाई साहब सब कुछ देखा-देखी करना होता है। मैं अपनी पत्नी को खुश करना जानता हूँ। मैं उसे अपनी लक्ष्मी कहता हूँ। जब से वह मेरी जिन्दगी में आई है, मेरा बैंक बैलेंस बढ़ता गया है। मैं आपको बता नहीं सकता क्योंकि पता नहीं कब-कहाँ-कोई बाहरवाला इस बात को सुन रहा हो। भले ही यह कहानी है और इसके लेखक ने मेरा किरदार तैयार किया है लेकिन सच कहूँ भाई साहब मुझे सचमुच इतना डर लगता है कि मैं कहानी में भी नहीं बता सकता कि मेरे कितने बैंक खातों में कितनी रकम है, नहीं फुसफुसाकर भी नहीं। मैं इसे सोचने से भी डरता हूँ कि कहीं किसी के पास यह बात टेलीपैथी के जरिये न पहुँच जाए।

"तुम मेरी लक्ष्मी हो जान।" मैं पत्नी को मनाने का यत्न करता हूँ। "उसकी पत्नी अगर घरबोरन है तो होने दो। उसे नहीं समझ कि भविष्य के लिए बचत करनी चाहिए लेकिन हम तो यह बात समझते हैं। सोचो अभी

ईश्वर न करे उनके घर में कोई बीमार पड़ गया तो? उनके पास इलाज के पैसे तक नहीं होंगे। हम भी घूमेंगे थोड़ी बचत तो कर लें।" मेरी पत्नी समझदार है। समझाने पर मान जाती है वरना मेरे कई दोस्तों की बीवियाँ जब से उनकी जिन्दगी में आई हैं, उनकी जिन्दगी नर्क बन गई है। रासबिहारी जैसा छुट्टा खर्च करने वाला है, उसकी बीवी भी दो कदम मिलाने वाली मिली है। मुझे अक्सर चिन्ता होने लगती है कि आखिर उसकी दोनों संतानों की पढ़ाई-लिखाई कैसे होगी? आजकल की पढ़ाई-लिखाई के बारे में तो आप जानते ही हैं, इतनी महँगी है कि आदमी बिक जाए।

इस बार तो रासबिहारी ने हद ही कर दी। अपने जन्मदिन पर सब दोस्तों को घुमाने ऋषिकेश ले जाएगा। वह तो पूरे ऑफिस को ले जाने का प्लान बना रहा था लेकिन मणि और दिवाकर के समझाने पर तय रहा कि पुराने दोस्त चलेंगे यानी उनमें मैं भी हूँगा। मैं इस प्रकार की किसी भी बेवकूफी से दूर रहने का पूरा प्रयत्न करता हूँ लेकिन ये पट्ठा रासबिहारी भी जिद का पक्का है। पत्नी ने समझाया कि इतनी जिद कर रहे हैं, रविवार पड़ भी रहा है उस दिन घूम आइए, वैसे भी ऐसे तो आप जाने से रहे।" खैर, भाईसाहब, मैंने सोचा दोस्त का दिल क्या तोड़ूँ, चला चलता हूँ। श्रीमती जी ने मेरा बैग तैयार किया और मैंने अपने पैसे, अंडरवियर समेत चार जगहों पर अलग-अलग रख लिये। इसके बारे में आपकी भी माँ ने आपको बताया ही होगा कि एक जगह का पैसा अगर चोरी हो जाए तो कम से कम दूसरी जगह का पैसा मुसीबत में मदद करे।

हम चारों की दिल्ली यात्रा सुखद रही। रास ने कहा था कि सारे बिल वह वहन करेगा इसलिए मैंने सोचा कि उसकी इच्छा पूरी होनी चाहिए, आखिर उसका जन्मदिन है। लेकिन मणि और दिवाकर ने वहाँ का बाकी का खर्चा जबरदस्ती अपने ऊपर ले लिया। अरे यार, उसका जन्मदिन है, वह जिद कर रहा है तो करने दो खर्चा, मैंने उन दोनों की जिद से खुद को अलग रखा। वे दोनों हँसने लगे, दिवाकर ने तो बदतमीजी से यह भी कहा कि भाई तेरा तो मैं जोड़कर चल ही रहा हूँ। इस पर तीनों काफी देर तक हँसते रहे। मुझे बुरा नहीं लगा। अपने दोस्त हैं, यही तो मजाक उड़ाएँगे, पैसे की जरूरत जब हम चारों के सामने एक साथ आएगी तो सबको पता चल ही जाएगा कि कौन कितने पानी में है।

अगले दिन घूमने का प्लान था। हम होटल से तय समय से निकल गए। रास्ते में दिवाकर ने गाड़ी रुकवाकर सबको नाश्ता कराया। नाश्ता कर हम पहाड़ों की ओर निकले। वहाँ रोपवे पर आनन्द लेने की योजना बनी। रोपवे पर जाने के लिए टिकट कटवाने के बाद लाइन लगाकर ऊपर की ओर चढ़ना था। वहाँ थोड़ी भीड़ भी थी। हमने यात्रियों को चढ़ाने वाले भाई साहब से मनुहार किया कि हम चारों दोस्तों को एक ही साथ जाने का मौका दिया जाए। वह भला आदमी था। दो लोगों का नम्बर हमसे पहले था, उसने उन्हें रोक कर हम चारों को एक साथ एक ही झूले में जाने का मौका दिया।

झूला अपनी गति से चल रहा था और नीचे अनन्त अथाह दूरी पर दिख रही थी जमीन। मैंने नीचे की ओर देखा तो मुझे झाईं-सी आने लगी। मैंने नजरें ऊपर कर लीं। मैं भी पहाड़ों की ओर देखने लगा जहाँ की तसवीरें मणि धड़ाधड़ लिये जा रहा था। मणि बाकायदा खड़े होकर तसवीरें ले रहा था। वह वाकई बहुत साहसी है। रासबिहारी बैठे-बैठे पहाड़ों को बड़े प्यार से देख रहा था। पता नहीं उसे क्या खूबसूरती नजर आ रही थी। उसके चेहरे से यह भी लग रहा था कि वह बड़ा भावुक हो रहा है। दिवाकर के चेहरे पर भी ऐसे ही भाव थे। मैंने देखा पहाड़ों के ऊपर बादल थे। पहाड़ों के ऊपर बादल ही तो होंगे कोई नदी थोड़ी होगी। पता नहीं रासबिहारी क्या देख रहा था कि अचानक वह उत्तेजना में झूला पकड़कर खड़ा हो गया, "वो देख दिवाकर इन्द्रधनुष!" आवाज सुनकर मणि ने भी सिर घुमाया। उसने एक बार कैमरा हटाकर देखा फिर कैमरा आँख पर लगा ही नहीं पाया।

"अद्भुत सुन्दर है यार! और कितना करीब। लगता है हम इसे हाथ से छू सकते हैं।" मणि ने मुग्ध भाव से कहा। कैमरा उसने गले में लटका लिया। उसने कैमरे के लेंस का कवर पिछली जेब से निकाला ताकि कैमरे का लेंस बन्द कर उसे थोड़ी देर का विराम दे। अचानक पिछली जेब से उसका पर्स उसकी हथेली के साथ सरककर बाहर आया और गिर गया। मैंने पूरे चौकन्नेपन के साथ खुद को सँभाले हुए एक झपट्टा मारा कि गिरते पर्स को पकड़ सकूँ लेकिन पर्स की गति मेरी गति से अधिक थी क्योंकि उसका वजन कम था। किसी भी चीज का वजन कम हो तो उसकी गति अधिक होती ही है। मेरे मुँह से चीख निकल गई। "ओह तुम्हारा पर्स!" मणि चौंक गया। उसने पलटकर नीचे की ओर देखा। उसका पर्स हवा में गोते खाता नीचे की

ओर जा रहा था। उसमें से कुछ कागज भी निकलकर बाहर उड़ रहे थे। मणि ने दुखी भाव से नजर ऊपर उठाकर मेरी ओर देखा। उसके चेहरे पर दुख की रेखाएँ थीं। उसने जल्दी से अपनी पैंट की जेब में हाथ डाला और जब उसका पंजा बाहर आया तो उसकी उँगलियों में कुछ सौ और पाँच सौ के नोट फँसे हुए थे। उसने फिर से चेहरे पर दुख लिये एक बार नीचे की ओर देखा जहाँ उसका पर्स अब नजरों से ओझल होने वाली सीमा पर था। "अच्छा हुआ जो ये पैसे मैंने आलसवश पर्स में नहीं डाले थे, भाई इसे तू रखे रह, इस काम के लिए सबसे सही आदमी है तू। मैं बहुत लापरवाह हूँ यार।" मैंने उसकी अमानत अपने पास सुरक्षित की। यह जिम्मेदारी मेरे लिए एक तरह से मेरे चौकन्नेपन का सम्मान है। मेरे दोस्त भले मुक्त कंठ से इस बात को स्वीकार न करें लेकिन इसी बात के लिए मेरी कद्र तो करते ही हैं। मैं उसके पैसे अपने पर्स में एक तरफ सुरक्षित कर ही रहा था कि वह फिर से रासबिहारी के पास जाकर इन्द्रधनुष देखने लगा।

"इसका पर्स गिर गया भाइयो नीचे।" मैंने रासबिहारी को सुनाकर कहा। उसने एक बार मेरी ओर देखा और कहा, "ओह!" और फिर से इन्द्रधनुष देखने लगा। "अबे इसका पर्स गिर गया और तुम लोगों को कोई परवाह ही नहीं है।" मैंने थोड़ी ऊँची आवाज में कहा तो मणि ने पलटकर संक्षिप्त जवाब दिया और फिर उसी ओर देखने लगा, "अरे आरटीओ में मेरा परिचित है, डीएल दुबारा बन जाएगा, कार्ड ब्लॉक करा दूँगा, कैश ज्यादा था नहीं।"

मुझे आश्चर्य हुआ कि यह पर्स गिर जाने जैसी बड़ी घटना को इतना छोटा करके क्यों देख रहा है। फिर मुझे लगा कि ये लोग मेरा इतना मजा लिया करते हैं कि इसी संकोच में वह ज्यादा चिन्ता दिखा नहीं सकता, अन्दर से तो परेशान होगा ही। मुझे लगा जिस फालतू काम में सब खुद को इतना व्यस्त दिखा रहे हैं उसमें मुझे भी अपना उत्साह दिखाना चाहिए। मैंने दोनों हाथों से झूले को मजबूती से पकड़ा और दूसरी ओर यानी रासबिहारी की ओर जाने लगा। रासबिहारी ने मुझे रुकने का इशारा किया और खुद मेरी तरफ आ गया ताकि झूले का वजन बराबर रहे। मैं मणि और दिवाकर के पास जाकर इन्द्रधनुष देखने की कोशिश करने लगा।

"कहाँ है इन्द्रधनुष?" मैंने मणि से पूछा। उसने भौंहों से सामने की ओर इशारा किया और फिर मुग्धभाव से उसी ओर देखने लगा। मैंने फिर से देखने

की कोशिश की। आसमान साफ था और लगता था जैसे किसी ने सूखी रेत बिखेर दी हो। मुझे कुछ दिखाई नहीं दिया। "कहाँ है, मुझे तो नहीं दिख रहा।" मैंने हर तरफ गर्दन घुमाई, मुझे सात रंग क्या एक भी रंग दिखाई नहीं दिया।

मैंने रासबिहारी की ओर देखा और अपना सवाल दोहराया। उसने भी उँगली से जिस ओर इशारा किया उधर कुछ नहीं था। वे सब मेरे लिए चिन्तित होने लगे। ये चिन्ता करने वाले भी कैसी-कैसी बातों पर चिन्ता करने लगते हैं। अरे ठीक है यार, मुझे नहीं दिखाई दे रहा है उधर क्या है। मुझे लग रहा है उधर कुछ नहीं है तो दिक्कत क्या है? और उधर कुछ होता भी तो क्या हो जाता, इन्द्रधनुष ही है न, मैंने कितनी ही बार देखा है।

मुझे लगता है मेरी दृष्टि कमजोर हो गई है। वापस जाकर पहला काम यही करूँगा कि नेत्र विशेषज्ञ डॉ. अनिल से अपनी आँख चेक कराऊँगा। परिचित हैं, फीस लेंगे नहीं और दवाइयाँ पड़ोसी के एमआर से कह दूँगा कि दे जाए।

हर बात को लेकर चौकन्ना रहता हूँ भाई साहब। यह मेरे चौकन्नेपन का ही नमूना है कि समस्या आई नहीं कि मेरे पास उसका निदान मौजूद रहता है।

# केशव की दौलत और नीम वाला सर्प

दौलत कई गाँवों को मिलाकर सबसे सुन्दर लड़की हुआ करती थी और निर्लज्ज गरीबी की वजह से जीवन भर उसे यही लगता रहा कि ज्यादा सुन्दर होना बेहद दुर्भाग्य और डर वाली बात होती है। शादी से पहले उसकी सुन्दरता के चर्चे कई गाँवों तक थे। इसका मतलब ये नहीं था कि कोई उससे बिना दहेज शादी करने को तैयार था, इसका अर्थ सिर्फ इतना था कि उसे शादी के पहले भोगने की इच्छा में गाँव के आवारा लड़कों के साथ रिश्तेदारी-नातेदारी के लड़के, आदमी भी शामिल थे। उसकी शादी केशव से हुई तो आसपास के कई गाँवों में शराब की दुकानों पर देसी दारू की कमी हो गई।

दौलत को केशव का साथ अपनी जिन्दगी का हासिल इसलिए लगता था कि क्योंकि गाँव में प्रेम की परिभाषा का स्तर समय के औसत से भी काफी नीचे था। पत्नी पर हाथ न उठाने वाला बेहतर इनसान की श्रेणी में आता था और बिना गाली के जो अपनी पत्नियों से बात करते थे उनकी मिसालें जोरू के गुलाम के तौर पर दिया जाना आम था। कई बार अपने दोस्तों के समूह में मजाक का पात्र बनकर ऐसे पति अपनी पत्नियों को इसलिए रात-भर एकमुश्त गालियाँ देते थे ताकि बाकी सबसे अलग होने का उनका अपराधबोध कम हो जाए। पूरे गाँव में कोई एक ऐसा भी होता था जो कभी-कभार पत्नी से प्रेम भरी बातें दिन में भी कर लिया करता था। दिन में पत्नी के करीब जाकर उसे पहचान लेना ऐसा जघन्य अपराध था जिसकी सजा अपने सबसे पुराने खून के रिश्तों से दूर हो जाना था, पिता की नजरों में मउगा हो जाना था, माँ की शिकायतों में दुल्हन का टोनहिन निकल जाना था और दोस्तों के उलाहनों में पेटीकोट में घुसा एक अजनबी हो जाना था। ऐसे में केशव ने कभी दौलत से ऊँची आवाज में बात तक नहीं की थी। दौलत कभी उसे ऐसा मौका देती

भी नहीं थी। उसके जीवन की सबसे बड़ी प्राथमिकता केशव था और जब सूर्यप्रताप जिन्दा था तब भी बेटे को खाना खिलाकर, सुलाकर वह केशव के पाँव सोते वक्त जरूर दबाती थी। ये नियम उसने कभी नहीं तोड़ा और शुरू में बहुत मना करने और असहज हो जाने वाले केशव ने भी सोते हुए इसकी आदत डाल ली थी। एकाध बार केशव ने उसके पाँव दबाने की कोशिश की थी लेकिन उसने उसे नरक न भेजने की विनती करते हुए रोक दिया था। हालाँकि अब भी कभी उसके पैरों में दर्द होता तो केशव एक बार जरूर उसके पाँवों पर 'हम दबा देते हैं' की टेक लिये अपने हाथ ले जाता। दौलत अब नरक-वरक जैसी कोई बात नहीं कहती बस चुपचाप उसका हाथ अपने पाँवों से हटा देती और खुद के हाथों से दबाने लगती। उस समय उसकी आँखों में केशव के लिए दुनिया भर का प्यार होता और बेटी आसपास न हो तो वह केशव को पकड़कर उसके गाल चूम लेती। उसे लगता पति के रूप में उसे दुनिया का सबसे अच्छा इनसान मिला है और वह चाहती कि काश, दिल चीर के दिखाने का कोई दस्तूर होता तो वह दिखा पाती कि इस वक्त केशव के लिए उसके दिल में प्यार के कई महासागर एक-दूसरे से होड़ ले रहे हैं।

आँख खुलने से पहले केशव बचपन में था। जब उसकी आँख खुली तो बचपन से अब तक का समय कुछ ही क्षणों में पूरा सामने से गुजर गया। अतीत पर वर्तमान हावी हुआ और चन्द्रमा की शादी की चिन्ता को उसने फिर से बिलकुल उसी तरह पहन लिया जैसे बीती रात को उतारकर सोया था। सामने वाली खाट पर चन्द्रमा सोई थी, वह उठकर उसकी खाट तक गया और उसे ध्यान से देखने लगा। वह कितना औसत है और उसकी बेटी कितनी सुन्दर। सुन्दर से उसे दौलत का खयाल आया और वह जंगले के बाहर चूल्हे की लिपाई करती हुई नजर आई। वह दोनों को बारी-बारी थोड़ी देर देखता रहा। बीस हजार की बाकी रकम का इन्तजाम कहाँ से किया जाए, यह आज की सुबह का ही नहीं, इस महीने का नहीं, इस साल का नहीं, इस जन्म का सबसे बड़ा सवाल था।

जब वह नहा-धोकर बाहर जाने को तैयार हुआ तो दौलत ने उसे भीगे चने परोसे जिसे देते हुए उसकी आँखें भी भीगी थीं। वे भी चनों की तरह रात भर नमी में रही थीं। दौलत की नम आँखों में देखकर फिर एक बार केशव के

मन में विचार गूँजा कि इस अनिंद्य सुन्दरी के जीवन में आकर उसने उसके सम्भावित सुखों की हत्या कर दी। साइकिल पर बैठने से पहले उसने दौलत की आँखें चूमीं और एक तेज का पैडल मारा।

बीस हजार की रकम कम पड़ रही थी और बाकी के पचीस का इन्तजाम हो गया था तो इसमें भी दौलत का हाथ था जिससे वह बरसों से सिक्के इस तरह जमा करती आई थी कि वे बड़ी रकम बन गए थे। तीस हजार दहेज में देना था और बाकी के पन्द्रह हजार में शादी की व्यवस्था थी। उसके पास पचीस हजार हो चुके थे और बाकी के बीस हजार जुटाने की उसकी अचूक रणनीति ये थी कि जिन दोस्तों और अपेक्षाकृत कम गरीब दोस्तों की वह हमेशा से मदद करता आया है वे उसे पाँच-पाँच हजार इसलिए दे देंगे कि वह उनसे पूरी रकम बीस हजार न माँगकर इसे चार हिस्सों में बाँटकर माँग रहा है। ऐसी बेसिर-पैर की कई सारी बातें वह दिन भर सोचता रहता था और यह सोचना उसके व्यक्तित्व का एक अभिन्न हिस्सा था। कुछ दोस्त इससे भली-भाँति परिचित थे, कुछ को इस बात का शक था और कुछ इस वजह से ही उसे शक की नजर से देखते थे।

जिन तीन दोस्तों से उसे कायदन पन्द्रह हजार की रकम जुटा लेनी थी, उन तीनों से वह दिन ढलते-ढलते मिल चुका था और तीनों ने अदरक वाली चाय और पापड़ के साथ उसे कुरकुरे आश्वासन दिए थे।

आश्वासन मानवजाति के सबसे बड़े आविष्कारों में शामिल था। जब कोई चाहकर भी कुछ नहीं दे पाता था तो आश्वासन देने की परम्परा थी जिसका समय बीतने के साथ विस्तार हुआ था। प्यार में साथ निभाने के आश्वासन दिए जाते थे और दोस्ती में धोखा न देने के आश्वासन सबसे मूलभूत थे। शिक्षा दिए जाते हुए नौकरी का आश्वासन मुख्य था और पुत्र पैदा करने पर पिता को अपने आप मोक्ष का आश्वासन प्राप्त होता था। लड़कियाँ कौमार्य भंग होने पर कम से कम शादी का आश्वासन चाहती थीं और लड़के इसे अपना हथियार बनाकर चलते थे। सरकारें सपनों के आश्वासन देती थीं और यह तय था कि जो सरकार जितने सुन्दर सपनों के आश्वासन देगी, उसकी उम्र उतनी लम्बी होगी। जुए जीत का आश्वासन देते थे तो कुएँ तृप्ति का। आसमान बारिश के आश्वासन देता था और धरती अपनी कोख में हरियाली का आश्वासन देती थी जिसके सपने में भी लोग लम्बी जिन्दगी जी जाते थे। धर्मग्रन्थ और समाज

पुरुष की श्रेष्ठता का आश्वासन इस तरह देते थे कि सिर्फ यही एक आश्वासन ही बड़ी संख्या में पुरुषों के सन्तोषजनक जीवन का रहस्य था। हर कोई अपने जीवन में आश्वासनों से घिरा था और जब केशव अपने तीसरे सम्भावित कर्ज देने वाले दोस्त के यहाँ से निकला तो उसका दिमाग पूरी तरह से निराश और हिंसक हो चला था। उसे कोई आश्वासन अब सँभाल नहीं सकता था। आश्वासनों के विश्वास से बाहर निकलकर दुनिया का जो रंग दिखाई देता है वही असली होता है जिसके नंगेपन को अक्सर हम देखना पसन्द नहीं करते।

मिथिलेश उसके बचपन का दोस्त था लेकिन पिछले कुछ सालों से गुमनाम जैसा जीवन जी रहा था। मिथिलेश, मानिक और एक-दो और दोस्त उसके बचपन के राजदार थे और वह उनसे कभी भी मिल सकता था। मिथिलेश अक्सर गाँव से बाहर रहता और कई-कई दिनों-हफ्तों तक जंगलों में गुम हो जाता। वह पुराने दोस्तों से भी कम ही मिलता और गाँव से अक्सर उसका दूर रहना बहुत सी लोककथाओं को जन्म देता था। मिथिलेश ने उसे चाय की जगह डाँट पिलाई। उसने कहा कि जिस तरह अधिकार माँगने पर नहीं छीनने पर मिलते हैं उसी तरह पैसे कमाने के लिए भी हिम्मत दिखानी पड़ती है। बिना हिम्मत दिखाए भीख मिल सकती है लेकिन जरूरत के पैसों के लिए कोई कदम उठाना पड़ता है और ऐसा कदम अब तक की जिन्दगी को फलाँग कर उठाना पड़ता है। उसने एक वारदात में शामिल होने की कीमत दस हजार दिलवाने की बात कही तो केशव ऐसी बातों पर खासा डरने के बावजूद कुछ देर के लिए उत्साहित हो गया।

कुछ गाँव बाद चन्दाडीह गाँव था जिसकी जनसंख्या करीब 1500 थी और वह कड़सर के डेढ़-दो सौ की जनसंख्या वाले गाँव से अधिक समृद्ध और सम्पन्न था। चन्दाडीह गाँव के जमींदार के घर आधी रात के बाद डाका डालना था। गैंग के कई लोगों के इनकांउटर में मर जाने और आत्मसमर्पण करने के बाद गैंग सदस्यों की कमी से जूझ रहा था। मिथिलेश ने बताया कि अब बीहड़ में कुछ ही गैंग सक्रिय बचे हैं और बाकी ने खुद को किसी न किसी राजनीतिक पार्टी से जोड़ लिया है। उनमें भी किसी वारदात के समय कुछ अस्थायी सदस्यों की भर्ती की जाती है जो डाके के बाद अपने हिस्से की रकम लेकर अपनी राह पकड़ते हैं। केशव ने सोचने में वक्त लिया और उस वक्त के दौरान मिथिलेश जोशीली बातें करता रहा। काम में बकौल उसके

कोई खतरा नहीं था और यही बात गैंग के उप-सरदार ने भी दोहराई जब शाम ढलते-ढलते मिथिलेश उसे बीहड़ के एक अस्थायी अड्डे पर उससे मिलवाने ले गया।

जरूरत बीस हजार की थी लेकिन मिथिलेश ने जोर दिया कि पहले दस हजार सामने आ रहे हैं, उन्हें सुरक्षित किया जाए और बाकी रकम का भी कुछ न कुछ इन्तजाम करने की कोशिश की जाएगी।

आधी रात के बाद जमींदार के घर को चारों ओर से करीब पन्द्रह लोगों ने घेर लिया जिसमें से छह को बाहर रहकर नजर रखनी थी। सबके चेहरों पर नकाब थे और हाथों में हथियार। अन्दर की रणनीति ये थी कि दो-दो के समूह में बँटकर हर कमरे में जाकर बिस्तरों पर आराम से सो रहे सदस्यों को बन्दूक की नोक पर लेकर रस्सियों से बाँध देना था। शुरुआती दो कमरों में इस योजना को बखूबी अंजाम दिया गया जहाँ जमींदार के भाई और खुद जमींदार के परिवार को रस्सियों में जकड़ा जा चुका था। आखिरी कमरे में जमींदार का शहर से आया बेटा अपने एक दोस्त के साथ सोया था। केशव के साथ खड़े साथी ने केशव को बन्दूक तानने का इशारा किया और झटके से जमींदार के बेटे की चादर खींच दी। जमींदार का बेटा चौंककर जागा तो अपने सामने दो नकाबपोशों को हथियार लिये देखा। उसने फुर्ती से लात घुमाई और केशव के साथ वाला नकाबपोश एक तरफ धक्का खाकर गिर गया। उसकी बन्दूक दूसरी तरफ गिर गई। उसने केशव को बन्दूक चलाने की पुकार लगाई लेकिन केशव हाथ में बन्दूक लिये जड़ हो चुका था। गिरे हुए नकाबपोश ने अपनी बन्दूक पर छलाँग लगानी चाही लेकिन तब तक बिस्तर पर सोया दोस्त भी जाग चुका था और वह माहौल का खतरा भाँप चुका था। उसने छलाँग लगाकर बन्दूक हथियानी चाही लेकिन नकाबपोश ने उसे लात मारकर दूर कर दिया और इसके साथ ही वह दूसरी बार पूरी ताकत से गाली देता हुआ केशव पर चिल्लाया कि वह जमींदार के बेटे पर बन्दूक से प्रहार करे लेकिन केशव अपने सामने उस नौजवान का चेहरा देखकर काठ बन चुका था। जमींदार के बेटे की शक्ल छह साल पहले मरे उसके बेटे सूर्यप्रताप से इतनी मिलती-जुलती थी कि वह कुछ पलों के लिए भूल गया कि वह कहाँ और क्यों खड़ा है। सोलह साल की उम्र में साँप काटने से मरा उसका बेटा अगर जिन्दा होता तो आज उसकी उम्र इस नौजवान इतनी ही होती और उसके कोमल चेहरे पर

दाढ़ी-मूँछें उगी होतीं तो वह बिलकुल ऐसा ही दिखाई देता। तभी केशव के सीने पर एक जोर का प्रहार हुआ और वह अपनी बन्दूक लिये ही नीचे गिर गया। केशव के साथ वाला नकाबपोश समझ चुका था कि अब मामला हाथ से निकल चुका है। उसने एक खास अन्दाज से जोर की सीटी बजाई जिसका मतलब था खतरा है और काम को बीच में रोककर अपनी जान बचाने का वक्त है। उसने अपनी बन्दूक उठाई लेकिन तब तक जमींदार का बेटा केशव की छाती पर चढ़कर उसकी बन्दूक कब्जे में कर चुका था। केशव अब भी अपने छाती पर चढ़े नौजवान को ममता और उलझन के साथ देख रहा था। साथी नकाबपोश ने एक जोर का कुंदा जमींदार के बेटे के सिर पर मारा और उसके साथी से जूझता हुआ केशव को लेकर बाहर निकलने की कोशिश करने लगा। तभी बाहर के कमरे से हल्ला उठा कि जमींदार ने भी खुद को आजाद करा लिया है और अब खतरा और बढ़ गया है।

कई बरसों के बाद यह ऐसी वारदात थी जो असफल हुई थी वरना गाँव के मुखबिरों के नेटवर्क और पहले से घर के सदस्यों की संख्या, घर का जुगराफिया वगैरह जानने, शोध करने में खासा समय दिया जाता था जिसकी वजह से असफलता की सम्भावना नगण्य हो जाती थी। इस असफलता का सेहरा केशव के सिर बँधा था और एक संक्षिप्त मीटिंग के बाद जंगल के एक अँधेरे कोने में चार लोग मिलकर एक आदमी को बुरी तरह पीट रहे थे। केशव जैसे नाकारा आदमी को गैंग में बुलाने की वजह से मिथिलेश को भी कड़वी बातें सुननी पड़ी थीं लेकिन वह गैंग का पुराना और काबिल साथी था इसलिए उसे चेतावनी से न सिर्फ छोड़ दिया गया बल्कि उसके निवेदन पर ही उसके साथी की जान बख्श दी गई।

रात पूरी बीत जाने के बाद केशव को जब होश आया तो वह जंगल के लगभग बाहर किसी गाँव के सीमाने पर पड़ा था। सुबह होने वाली थी और इस समय की हवा रात भर की मेहनत के बाद अब काफी ठंडी हो गई थी जो हल्की सिहरन पैदा कर रही थी। केशव ने सिर घुमाकर जगह को समझने की कोशिश की लेकिन नाकाम रहा। पिछले दिन की सारी घटनाएँ आँखों के सामने घूम गईं और उसका दिमाग फिर से उसी विचार पर स्थिर हो गया जिस पर स्थिर होने की वजह से बुरी तरह से पिटते हुए भी उसे पिटाई का एहसास नहीं हो रहा था। जमींदार के बेटे की शक्ल फिर से उस पर हावी हो

गई थी और उसे लग रहा था कि यह घटना उसके अब तक के जीवन की सबसे आश्चर्यजनक घटना है। उठने पर पूरे शरीर से दर्द की लहरें उठने लगीं और पास ही उसे अपनी टूटी-फूटी साइकिल दिखाई दी। साइकिल की स्थिति देखकर साफ जाहिर था कि उसका गुस्सा साइकिल पर उतारा गया है। उसने सोचा बाद में गाँव में से किसी को भेजकर साइकिल वापस मँगवा लेगा और लँगड़ाते कदमों से चाँद की ओर बढ़ने लगा।

पत्नी और बेटी दोनों ने शुरुआती रुदन के बाद उसकी शुश्रूषा की और लगातार घटना की वजह जानने की कोशिश करती रहीं। सुबह की आवाजों के साथ जब वह देह पर कई जगह हल्दी और चूने का लेप लगाकर लेटा था, अचानक उठकर बैठ गया। ऐसी बेचैनी उसने जीवन में कभी महसूस नहीं की थी और उसका मन कर रहा था कि वह किसी भी तरह इस गुत्थी को सुलझा सके। वह धीरे-धीरे उठा और खूँटी पर टँगा अपना कुर्ता पहनने लगा। पत्नी ने कई बार रोकने की कोशिश की तो पहले तो उसने कहा कि वह पास वाले गाँव में अपने डॉक्टर मित्र से परामर्श लेने जा रहा है जिसके पास कई झोले होने की वजह से उसे झोलाछाप डॉक्टर कहा जाता है फिर पत्नी की लगातार हिदायतों से तंग आकर उसने बरसों बाद इस अन्दाज में लताड़ा कि वह सहमकर चुप हो गई।

वह किसी तरह चलता-चलता करीब सवा घंटे में चन्दाडीह पहुँचा जहाँ कल की रात वह और उसके साथ नकाबों में छिपकर पहुँचे थे। जमींदार के घर के पास पहुँचकर उसके शरीर में डर की एक लहर उठी क्योंकि वहाँ पुलिस की वर्दियों में कई सारे लोग यहाँ से वहाँ टहल रहे थे। एक तम्बू लगाकर अस्थायी चौकी का निर्माण किया गया था और पुलिस के कुछ लोग अन्दर महिलाओं के बयान ले रहे थे तो कुछ बाहर लोगों से बातचीत कर रहे थे। कुछ खलिहर बुजुर्गों का समूह अपने-अपने जमाने की डकैतियों का बखान कर रहा था जिसमें कुछेक बुजुर्गों का कहना था कि आजकल के डाकुओं का स्तर बिलकुल गिर गया है। असली डाकू उनके जमाने में हुआ करते थे जो चिट्ठी लिखकर वारदात करने की तारीख पहले ही बता दिया करते थे। डकैती के गिरते स्तर की वजह एक बुजुर्ग ने राजनीति बताई तो दूसरे ने इस पर सहमति देते हुए टिप्पणी की कि जब कम खतरे में ज्यादा फायदा उठाने का विकल्प है तो डकैती जैसा जानलेवा काम कोई क्यों करेगा। उन्होंने डकैती

और डकैतों के कम होती जा रही संख्या के लिए राजनीति को जिम्मेदार बताया और उसी वक्त उनसे सहमत होता हुआ केशव उनके समूह में शामिल हो गया। गाँव में अपनी एक दूर की रिश्तेदारी बताने और वहाँ अपने डॉक्टर मित्र से पेट खराब होने का इलाज कराने का उद्देश्य बताकर उसने भीड़ का सबब पूछा तो गाँव वालों ने बताया कि रात को पचास सशस्त्र डकैतों ने जमींदार को मारने और लूट की नीयत से हमला किया था लेकिन उसके छोटे बेटे की बहादुरी की वजह से वारदात पूरी तरह सफल नहीं हो पाई और डकैत सिर्फ घर में मौजूद कुछेक लाख के आभूषण ही ले जा सकने में कामयाब हुए थे।

केशव का ध्यान इस पर नहीं था कि जमींदार का बड़ा बेटा रिपोर्ट में अपनी पत्नी के दो लाख के गहने लूटे जाने की रिपोर्ट लिखा रहा था, उसका पूरा ध्यान जमींदार के छोटे बेटे की तरफ था जो कहीं दिखाई नहीं पड़ रहा था। उसने गाँव वालों से उसके बारे में पूछताछ शुरू की तभी छोटा बेटा अपने उसी दोस्त के साथ गमछा-बनियान पहने बाहर आया और नीम के नीचे लगे सरकारी हैंडपम्प पर पहुँच गया। हैंडपम्प यूँ तो सरकारी था और इसे गाँव वालों की प्यास बुझाने के लिए लगाया गया था लेकिन जमींदार साहब खुद को सरकार से कम नहीं समझते थे और ऐसा समझने पर प्यास इतनी ज्यादा लगती थी कि उन्होंने सरकारी नल को अपनी सरपरस्ती में जगह देना ठीक समझा था। अब जाहिर बात थी कि जिस चाँपाकल का नाम सरकारी चाँपाकल होना चाहिए था उसे जमींदरवा के नल के नाम से जाना जाता था। दोनों दोस्त शहर की सुविधाओं से कुछ दिनों के लिए ऊब जाने का अभिनय कर रहे थे और गाँव पर कुएँ और चाँपाकल के पानी को दुनिया का सबसे शुद्ध पानी बता रहे थे। दोनों सहज भाव से बातें कर रहे थे और पुलिस की मौजूदगी से कतई प्रभावित हुए बिना नहा रहे थे। केशव अपनी उत्सुकता को दबा नहीं पाया और उसके बारे में गाँव वालों से जानकारी लेने की कोशिश इस अन्दाज से की ताकि किसी को उस पर शक न हो। इसलिए उसने जमींदार के बेटे के दोस्त की ओर इशारा करते हुए पूछा, "वो है क्या जमींदार साहब का छोटा बेटा? हमने कभी उसको देखा नहीं है न, बड़े वाले को तो पहचानते हैं।"

"अरे वो तो लड़के का दोस्त है, शहर में दोनों साथ पढ़ते हैं। जमींदार साहब के बेटे की निशानी तो एकदम आसान है, उनका खानदानी निशान, कन्धे पर काला लक्षन।" एक बुजुर्ग ने इशारा किया और केशव को लगा जैसे

उसके सीने में जो धक-धक चल रही थी वो अचानक बन्द हो गई है। एक हल्की-सी दर्द की लहर आकर चली गई और अचानक कुछ क्षणों के लिए साँस लेने में तकलीफ हुई जिसे नए मित्रों ने चिन्ता के साथ देखा।

"क्या हो गया बिरादर, लीजिए पानी पीजिए। डॉक्टर साहब को पेट के साथ छाती भी दिखा लीजिएगा, बलगम ज्यादा हो जाता है बीड़ी पीने से तो कभी-कभी दर्द उठता है।" एक अधेड़ ने सलाह दी।

केशव एक तालाब के किनारे यूँ तो चुपचाप बैठा था लेकिन उसके भीतर विचार उठ रहे थे कि उसे पानी के भीतर गहरे उतरकर साँस लेनी चाहिए। वह पानी में साँस ले सकता है, ऐसा उसे महसूस हो रहा था। अगर जो कुछ वह देख और समझ रहा है उसके बावजूद उसकी साँस रुकी नहीं और वह जिन्दा है तो इसका मतलब यही है कि वह अमर है। वह अगर इस तालाब में उतर जाए तो इसके भीतर साँस ले सकता है और अगर सामने वाली पहाड़ी से गिर पड़े तो हवा में तैरता हुआ आराम से नीचे उतर सकता है। वह मर नहीं सकता क्योंकि अगर मरना होता तो वह उसी क्षण मर गया होता जब उसने जमींदार के पहले छोटे फिर किसी काम से बाहर आए बड़े बेटे के कन्धे पर वैसा ही काला निशान देखा था जो उसके दिवंगत हो चुके पुत्र के कन्धे पर था। बिलकुल वही जगह और बिलकुल वही आकार। यह आखिर कैसे सम्भव है? दुनिया में किसी भी तर्क से इस संयोग की क्या व्याख्या हो सकती है? उसके पेट में हजारों भँवर बन रहे थे जो सामने के जल में उठ रहे भँवर से कई गुना गहरे और बेचैन करने वाले थे। उसकी आँखों के सामने अचानक दृश्य कुछ धुँधला-सा होने लगा। केशव ने अनुभव किया कि उसे दो आँखों के बीच की कोई चीज दिख नहीं रही है, शायद उसकी दृष्टि धुँधली हो रही है। उसने एक आँख बन्द कर सामने देखा तो चीजें साफ दिखीं, फिर उस आँख को बन्द कर दूसरी आँख से भी सब कुछ स्पष्ट दिख रहा था लेकिन दोनों आँखें खोलने पर उसे सामने के दृश्य में बीच का हिस्सा कुछ अस्पष्ट और धुँधला दिख रहा था जैसे किसी पुरानी तसवीर के बीच में तेल लग जाने से दृश्य ओझल हो गए हों। उसे उस समय अपनी दोनों आँखों के बीच एक तीसरी आँख की जरूरत बहुत शिद्दत से महसूस हो रही थी ताकि कम-से-कम एक आँख ऐसी हो जिससे वह सिर्फ देखने का काम ले सके। वह उतरा और तालाब के पानी से आँखें धोने लगा।

दौलत चन्द्रमा के बालों में तेल लगा रही थी और अपने पुराने दिनों के बारे में सोच रही थी जब उसकी शादी केशव के साथ तय की गई थी। शादी तय होने के बाद अचानक चन्द्रमा के भीतर उग आई चुप्पी का सबब वह समझ रही थी। वह खुद अपनी शादी तय होने पर गाँव की बाकी लड़कियों की तरह उत्साह में नहीं आ पाई थी, तब भी जब उसने केशव को गाँव के किसी कार्यक्रम में देखा था और वह उसे बुरा नहीं लगा था। उसकी शादी की हर याद से पिता की पैसे जुटाने के लिए मर जाने की हद तक की गई भागदौड़ याद आती थी और वह उदास हो जाती थी। दौलत की सबसे अच्छी सहेली बेबी थी जो उससे अपनी हर छोटी-बड़ी बात बताया करती थी। बेबी के पिता गाँव के मजबूत व्यक्तियों में थे और जिस महीने बेबी की शादी तय हुई थी, बेबी ने उसे बताया था कि वह शादी के एक हफ्ते पहले गाँव छोड़कर भाग जाएगी। दौलत ने बेबी को समझाने की कोशिश की थी कि पिता की पगड़ी उछालकर इस तरह जाना ठीक नहीं है लेकिन बेबी का कहना था कि किसी की जिन्दगी के आगे किसी की पगड़ी की कोई कीमत नहीं होनी चाहिए। बेबी उसे करुणापति के बहुत सारे किस्से बताया करती थी कि वह बहुत स्नेहिल है, कस्बे के मोटर गैराज में काम करता है और पढ़ाई पूरी करके कस्बे या शहर में उसकी नौकरी पक्की है। उसके बारे में बताते हुए बेबी की आँखों में ऐसी चमक आती थी जो स्पष्ट देखने के बावजूद दौलत कभी समझ नहीं सकी। भागने के कुछ दिन पहले बेबी ने दौलत को करुणापति से मिलवाया था। करुणापति उसे किसी बच्चे जैसा मासूम लगा था और उसके मन में एक पल के लिए विचार कौंधा था कि उसका पति जब भी होगा, कैसा होगा। बेबी ने तब उसे एक बात बताई थी जो बहुत बाद में दौलत की समझ में आई थी। बेबी ने मात महारानी के मन्दिर में दर्शन के समय दौलत से कहा कि उसे शादी के लिए कोई लड़का चाहिए था आदमी नहीं। लड़के और आदमी के बीच का फर्क उसके खुद के दिमाग की उपज था। लड़का यानी जिसको देखकर पहले दोस्ती का मन करे फिर प्यार करने का। आदमी मतलब जिसे शादी के लिए घर के बड़े-बूढ़े पसन्द करते हैं। दोस्त जिसके साथ घर-परिवार प्यार-मोहब्बत के अलावा देस-दुनिया में किसी भी चीज पर बात की जा सके। वह दिखने में कैसा भी हो, फर्क नहीं पड़ता लेकिन उसके साथ इतनी सुरक्षा, इतना अपनापन महसूस हो कि कोई भी बात बिना अच्छा-बुरा सोचे कही जा सके।

दौलत की शादी के कुछ सालों बाद उसकी मुलाकात मेले में बेबी से हो गई थी। चार साल का बेटा बेबी की उँगली पकड़े था और छह महीने की बेटी करुणापति की गोद में थी। दोनों सखियों ने देर तक बातचीत की थी और बेबी ने बताया था कि नातिन के पैदा होने के बाद उसके पिता और माँ ने दोनों को माफ कर दिया है और वे दोनों उन्हीं के यहाँ से आ रहे हैं। दौलत को जिन्दगी में पहली बार कुछ खला था। उसे लगा जैसे अपने मन का कोई ऐसा फैसला जिसका परिणाम दूर-दूर तक पता न हो, जिसे सिर्फ अन्दर की कोई आवाज सुनकर लिया जाता हो, उसके जोखिम में डूबने-उतराने का नशा कैसा होता होगा, वह अब कभी महसूस नहीं कर सकेगी। उसे याद आया कि केशव ने कभी अपने बच्चों को गोद में लेकर नहीं खिलाया। गाँव के दस्तूर के हिसाब से वह कभी जब बहुत मूड में हुआ तो दौलत की गोद में बच्चों को देखकर दूर से ही अलेलेलेलेले अलेलेलेलेले कर देता था। बच्चा अगर उसकी गोद में आने के लिए हाथ उठाए और दौलत उसे उसकी गोद में देने की कोशिश करे, उसके पहले ही वह कह उठता था, अम्मा के पाछ रहो, दुद्धू पिओ, मजबूत बनो। बस, ये उसके दुलार की इन्तेहा थी जो छठे-छमाहे कभी जागती थी। दौलत कुछ दिन इधर-उधर की इससे मिलती-जुलती बातें सोचती कि अचानक उसके पड़ोस या गाँव में कोई आदमी अपनी औरत को किसी मामूली बात पर धर के कूट देता और दौलत के सोचने का ढर्रा बदल जाता। हाथ में हल्दी-चूना छापे और चेहरे का निशान घूँघट से छिपाए कोई पड़ोसन उसके घर या अड़ोस-पड़ोस में आती और कल की रात की पूरी घटना सुनाती हुई पति को गन्दी-गन्दी गालियाँ देती, उसके लिए कुछ अपशकुनी बातें कहती, कुछ बद्दुआएँ देती जिसके बाद अपनी जीभ काटते हुए कहती, हे काली माई, मत सुनना कुछ, हम मन से नहीं कह रहे थे, उनकी उमिर बढ़ाना काली माई नहीं तो हम कहाँ जाएँगे। दौलत कुछ भी कहती, पति के पक्ष में या विपक्ष में, उसे पीड़ित महिला के साथ आसपास की महिलाओं की भी एक ही बात सुनने को मिलती कि वो बहुत भाग्यशाली है। उसका पति उससे इतना प्रेम करता है कि कभी उस पर हाथ नहीं उठाता। दौलत को केशव के लिए सोची गई सारी गलत बातों का बेहद अफसोस होता और वह मन ही मन उससे माफी माँग लेती। हर इनसान अलग होता है, किसी से किसी की तुलना नहीं करनी चाहिए, वह खुद को बार-बार समझाती।

चन्द्रमा की शादी तय होने के बाद उसने कई बार उससे पूछना, जानना चाहा था कि वो शादी के लिए पूरे मन से तैयार है ना। अगर उसे कोई समस्या हो तो वह बेझिझक अपनी माँ से पूछ सकती है लेकिन चन्द्रमा ने शादी तय होने पर हामी भरकर चुप्पी साध ली थी। माँ के सवालों का जवाब वह सिर्फ इतना दिया करती थी कि माँ जो हो रहा है ठीक हो रहा है। दौलत समझती थी कि चन्द्रमा ने अपनी जिन्दगी का फैसला समय पर छोड़ रखा है लेकिन कभी-कभी उसके मन में एक कसक सी उठती थी कि काश! कोई उसे पसन्द होता। अगर चन्द्रमा गाँव के या बाहर के भी किसी लड़के को पसन्द करती, लड़का भी उसे पसन्द करता तो वह कैसे भी करके दोनों को मिला देती। वह खुद को जिम्मेदार मानती कि उसके भीतर ऐसा कोई सपना कभी नहीं उगा इसलिए उसकी बेटी भी जिन्दगी को बिना किसी उम्मीद के जी कर किसी तरह खत्म कर देना चाहती है। उसकी बेटी के भीतर अपनी जिन्दगी को लेकर कोई सपना, कोई उम्मीद, कोई उत्साह नहीं है, यह महसूस कर अक्सर दौलत की आँखें भर आती थीं कि माँ-बाप का कहना मानना चाहिए, कहना मानना चाहिए बोल-बोल कर कैसे उसे लड़की से लकड़ी के लट्ठे में बदल दिया गया है। उसकी बेटी उसकी ही तरह बेहद सुन्दर है और उसका चेहरा, उसकी चाल सब कुछ बिलकुल अपनी माँ जैसी है। इतनी रूपवती, इतनी गुणवान और इतनी प्यारी लड़की को कम से कम केशव जितना प्रेम करने वाला पति जरूर मिले, वह सोचती और यह सोचते ही उसे अपने भीतर न जाने कैसा खालीपन सा महसूस होता।

केशव अपने ही घर में किसी दुश्मन के जासूस जैसा महसूस कर रहा था। वह चाह रहा था कि दौलत के चेहरे को बहुत देर तक ध्यान से देखे लेकिन जैसे ही वह उसकी ओर घूरने लगता, वह तरकारी काटना छोड़ उसकी ओर देखने लगती थी। उसकी ओर देखने से दोनों की आँखें मिल जाती थीं और दौलत की आँखों में केशव की चोटों के लिए सहानुभूति और कैसे लगी चोट वाला सवाल कौंधने लगता। केशव फिर से चेहरा दूसरी ओर हटा लेता। बेटी बाहर इकलौती बूढ़ी गाय को चारा दे रही थी। केशव चाहता था उसके मन के भीतर जो बवंडर चल रहा है उसकी वजह उसे जल्दी से जल्दी पता चल जाए लेकिन इस बात को कैसे पूछा जा सकता है, इसका कोई सिरा उसे पकड़ में

ही नहीं आ रहा था। जमींदार के बारे में जो-जो जानकारियाँ वह जुटा पाया था उसमें एक यह भी था कि जवानी की आम आदत की तरह जमींदार साहब का नाता गाँव की कई जवान होती लड़कियों से कम और अधिक समय के लिए रहा था। इसके आगे सोचते हुए उसके भीतर से कोई उसे रोक देता था। जो रोकता था उसका पुराना दुश्मन अगली बात यही याद कराता था कि जमींदार के गाँव के उत्तर की तरफ अगला गाँव दौलत का गाँव था।

सुबह उठने से लेकर रात सोने तक केशव के दिमाग और आँखों में सिर्फ दौलत थी। अपनी आदत अनुसार जब दौलत भोर में चार बजे उठी और खेत में दिशा-मैदान के लिए निकली तो केशव की आँख कुंडी की आवाज से खुल गई। उसे अपनी ही पत्नी के पीछे जाने का विचार एक तो गन्दा लग रहा था दूसरे सुबह की अलसाई नींद उसे बिस्तर छोड़ने से रोक रही थी लेकिन न जाने कैसा कुत्सित उत्साह उसके भीतर पैर पसार रहा था कि मन में जैसे ही किसी बात के लिए बुरा होने जैसी भावना उठती, मन उसकी ओर खिंचने लगता। वह धीरे से उठा और बेआवाज बाहर निकल गया।

पूरी सावधानी से जब वह खेत में पहुँचा और पत्नी और गाँव की कुछेक औरतों से एक निश्चित दूरी बनाता हुआ उनकी बातें सुनने बैठा तो उसके भीतर तीन दिन पहले वाली खोई हुई गति फिर से हासिल हो गई। दौलत गाँव की औरतों के पूछने पर बता रही थी कि उसका पति आजकल बहुत खोया-खोया रहता है और परसों उसकी साइकिल की शायद किसी गाड़ी से टक्कर हो गई थी जिससे उसे काफी चोटें लगी हैं, काश वह इस चोट को अपने ऊपर ले सकती तो कहीं किसी जगह अपने पति की चिन्ता बाँट पाती। औरतों ने उसको हिम्मत बँधाई और कहा कि वह खुशकिस्मत है कि उसका पति इतना अच्छा आदमी है। दौलत ने इस बात से पूरी सहमति जताते हुए कहा कि उसकी बदकिस्मती है कि न तो वह अपने पति के दुखों को कम कर पा रही है न उसकी चिन्ताओं को। केशव से ज्यादा सुना नहीं गया और वह खुद को धिक्कारता हुआ वापस आकर अपनी गुदड़ी पर गिर गया। उसने लेटे-लेटे चन्द्रमा की ओर देखा और उसकी आँखों में आँसू भर आए। वह अपने ही हाथों से अपने छोटे लेकिन शान्त घर की शान्ति भंग नहीं कर सकता, यह उसके भीतर से किसी ने चेतावनी दी। उसने अन्दाजा लगाया कि शादी की तैयारी करने के लिए उसके पास अभी तकरीबन एक महीने हैं, वह प्रधान जी

की सलाह पर अमल करने की सोचने लगा कि अपने मुट्ठी-भर खेत को बेच देना ही सही उपाय है। वैसे भी उसमें ज्यादा नहीं उपजता जिसकी वजह से एकाध फसल में दूसरे के खेतों पर काम करना ही पड़ता है।

उसकी आँख दुबारा खुली तो दौलत नहाकर अपने खुले बालों में अन्दर आई। बेटी आँगन लीपने के बाद लकड़ियाँ बीनने गई थी। केशव ने ध्यान से दौलत के खुले कन्धे पर पानी की बूँदें देखीं। दौलत ने दर्पण में अपने पति का चेहरा देखा जो ध्यान से उसकी पीठ पर कुछ खोज रहा था। उसने दौलत के कन्धे पर देर से टिका एक बूँद पानी अपने होंठों से खींच लिया। दौलत की आँख एक पल के लिए बन्द हो गई। लम्बे समय से उसके भीतर जैसे कुछ बड़ी मेहनत से रोककर रखा हुआ था जो बहकर बाहर आने को तैयार था और वह ऐसा नहीं चाहती थी। एक और बूँद का शिकार जब केशव ने अपने होंठों से किया तो दौलत पलटकर उससे लिपट गई। शायद दसियों साल बाद यह एक ऐसा पल था जब दिन में केशव ने दौलत को छुआ था, वो भी ऐसी प्रत्यक्ष नीयत से। दौलत ने अधखुली आँखों से जंगले से बाहर देखकर बेटी के घर से दूर होने को आश्वस्ति की। केशव उसे गले से लगाए हुए उसकी पीठ पर अपनी उँगलियाँ फिरा रहा था। दौलत की आँखों में भारीपन आ रहा था। उसने बिना देखे अपना हाथ ऊपर किया और पति का खुरदरा चेहरा सहलाया।

"चिन्ता मत करो, सब इन्तजाम हो जाएगा।" उसके हाथों का ठंडा स्पर्श केशव को ऐसा लगा जैसे बेहोश काया को अचानक बर्फीले जल का स्पर्श मिले और वह जागृत हो जाए। उसकी आँखें भर आईं।

"तुमको हमारे साथ कोई सुख नहीं मिला ना?" केशव की आवाज भर्राई हुई थी। उसकी आँख से एक आँसू दौलत के कन्धे पर गिरा जिसे उसने जल्दी से पी लिया और जिसे दौलत ने पानी की बूँद समझा। उसकी हथेली केशव की आँख तक पहुँची तो तुरन्त उसने चेहरा उठाकर अपने थके हुए पति को देखा और आँखों में नमी देखकर उसके वो आँसू भी पोंछने लगी जो अभी बहने वाले थे। दोनों ने एक-दूसरे को कसकर जकड़ लिया। केशव ने उसे गोद में उठाया और खाट तक गया। दौलत अपनी आँखें बन्द किए उससे लिपटी थी। केशव उसके गले के पास चूमते हुए उसकी आँखों में सहमति और उसकी मर्जी पूछ रहा था, उसकी आँखों में ये सवाल देखकर दौलत को उस पर बेतहाशा प्यार आया और उसने अपने होंठ केशव के होंठों पर रख

दिए। केशव हैरान रह गया, शादी के पचीस साल बाद पहली बार दौलत ने उसके बिना चूमे खुद पहल करके उसके होंठ चूमे थे। दिन में इतने उजाले में वह इतने करीब से दौलत का चेहरा एक लम्बे अन्तराल के बाद देख रहा था। वह एक हल्के नशे में गिरफ्तार लग रही थी और उसका यह चेहरा केशव को बहुत सारे सुखों का द्वार लग रहा था। उसने चुम्बन को फिर से शुरू करने के लिए दौलत के होंठों को अपने होंठों में भरा और उसी पल उसके भीतर से एक खुशनुमा खयाल आया कि इन होंठों को पूरी दुनिया में सिर्फ मैंने चूमा है। उसे पता नहीं था कि यह रूमानी खयाल उसके भीतर बैठे उसी दुश्मन ने भेजा है जिस पर रुकते ही उसके दिमाग में यह दूसरा खयाल जन्म लेगा कि क्या इन होंठों को सिर्फ मैंने ही चूमा है। केशव ने मन में उठ रहे इन खयालों को परे झटकते हुए फिर से दौलत को और करीब किया लेकिन उसी पल जमींदार के बेटे का चेहरा उसके सामने घूम गया। उसके दोस्त मिथिलेश और मानिक उसके बेटे के जन्म से ही इस बात की खिंचाई किया करते थे कि वो तो इतना साँवला है कि उसे काला भी कहा जा सकता है लेकिन बेटा इतना सुन्दर और गोरा कैसे हो गया। दोस्तों के मजाक का जवाब केशव मुस्कराकर देता कि दोनों बच्चे माँ को पड़े हैं और ये उसके लिए बहुत खुशी की बात है। दौलत की साँसें तेज चलने लगी थीं और केशव की पीठ पर उसकी पकड़ बढ़ती जा रही थी लेकिन केशव अपने भीतर बैठे दुश्मन की बात पर कान दे चुका था। उसने दौलत के कानों के पास चूमते हुए फुसफुसाती आवाज में पूछा, "मेरे अलावा...और कौन...तुमको...?"

दौलत किसी झूठे सपने से जागी और केशव का चेहरा देखने लगी। केशव के चेहरे पर जो भाव थे वो दौलत के लिए नितान्त अजनबी और डर का बायस थे। उसकी भंगिमा बिगड़ने लगी, पहले उसके चेहरे पर दुख आया, फिर शोक और आखिर में आँसू आ गए। केशव लम्बे समय से इस बात को किसी तरह से पूछना चाहता था लेकिन उसके पास इतनी ही भाषा थी और इसे पूछने के बाद केशव को भी अपने ऊपर गुस्सा आया था। थोड़ी ही देर में वह दौलत से आँखें चुरा रहा था लेकिन दौलत अब खुद को सँभाल रही थी और नीचे उतरने लगी। केशव ने उसे रोककर फिर से एक बार भींच लिया। उसकी आवाज भर्रा गई थी। "तुम कितनी सुन्दर हो, अगर तुमसे कभी कोई गलती हो गई हो तो भी दोष हम खुद को देंगे। बताओ।" केशव की आवाज

कई टुकड़ों में दौलत तक पहुँची थी लेकिन उसकी तासीर उस तक पहले ही पहुँच गई थी और उसके भीतर की चिढ़ एक पल के लिए घृणा में बदल गई थी। दौलत ने उस पल से झटके से खुद को चारपाई से उठाया और बाहर चली गई। केशव के दिमाग में थोड़ी देर पहले का दौलत का आँखें बन्द किया नशे में डूबा चेहरा देख रहा था। उसने देखा कि एक दूसरा आदमी, जिसकी पीठ केशव की तरफ है, दौलत के कन्धे और फिर सीने पर ढुलक आई बूँदों को पी रहा है और दौलत मदभरी आँखों से उस आदमी की पीठ सहला रही है और उसे प्रेम से लबालब भरे चेहरे से देख रही है। उसके भीतर बैठा दुश्मन सक्रिय हो गया था जिसे वह बिलकुल पसन्द नहीं करता था और उसे खामोश रखना चाहता था लेकिन उसने पाया कि इधर बीच वह ऐसी बातें करने लगा है जिन्हें सुनने का मन करता है और सोचने की जरूरत महसूस होती है। क्या किसी और की बाँहों में भी यही मदभरा नशे में उन्मत्त चेहरा बेसुध हुआ होगा और जब हुआ होगा तो सामने वाले चेहरे के भीतर क्या उसकी तरह यही गूँजा होगा कि ओह! यह चेहरा कितना खूबसूरत है! पता नहीं मैं इसके लायक हूँ भी या नहीं। या फिर वह कोई सुदर्शन और रोबीला चेहरा रहा होगा जो उसकी सुन्दरता का मुकाबला अपनी ताब से कर रहा होगा और दोनों बराबर एक प्रेमी की तरह एक-दूसरे से टकराए होंगे जिसमें न शादी जैसी किसी मजबूरी का धागा होगा न समाज जैसा कोई काल्पनिक बन्धन। केशव का दिमाग भन्नाने लगा तो वह पैदल ही तेज कदमों से जंगल की ओर निकल गया।

उसके भीतर बोल रहे दुश्मन से उसका बचपन का साथ था। एक बार रिश्ते में बुआ लगने वाली एक महिला उसके घर आकर रुकी थी जब वह सोलह या सत्रह साल का रहा होगा। बुआ के बारे में उसे सिर्फ इतना पता चला कि वो पिता की चचेरी बहन थीं। वह कुछ दिनों के लिए आई थीं ताकि बगल के गाँव में ठहरे एक सिद्ध बाबा से घर-परिवार छोड़कर छह महीने पहले भागे अपने पति के बारे में जानकारी ले सकें। माँ बीमार थी इसलिए उन्होंने पिता को बुलाने की इजाजत दे दी ताकि उनकी बीमारी के दौरान घर का ध्यान रखा जा सके। माँ अन्दर वाले कमरे में सोती थीं क्योंकि उन्हें बाहर की हवा से समस्या थी। उनके शरीर पर दाने उग आए थे और उन्हें वैद्य का दिया लेप लगाकर भीतर के कमरे में लेटे रहना था। पूरे शरीर के साथ मुँह में भी दाने होने की वजह से वह बहुत मुश्किल से खा-पी पाती थीं। वह बेहद

कमजोर हो गई थीं और बड़ी मुश्किल से चल-फिर पाती थीं। पिता ने बुआ को ले जाकर उस बाबा से मिलवाया था जिसने बताया था कि उनके पति को दक्षिण दिशा में रहने वाली एक जादूगरनी ने अपनी चोटी में कैद कर लिया है। बाद में पता चला था कि फूफा जी एक गाना गाने वाली के साथ कस्बे में रहने लगे थे। उनके गाँव से गया कोई आदमी उनसे अचानक मिल गया और उनकी पहली पत्नी के बारे में बताया तो उन्होंने उसे दबाव में की गई शादी बताकर उस आदमी को दुत्कार दिया था। बुआ बाबा की बात सुनकर बहुत सदमे में थीं। आधी रात को वह घर से बाहर जाकर कुएँ के पास बैठी रोने लगी थीं। उसकी और उसके पिता दोनों की नींद साथ खुली थी। पिता बिना आवाज बाहर निकले तो वह भी उनके पीछे निकल आया। कुएँ की जगत पर ही एक पेड़ था जिसकी कुछ जड़ें जगत पर और बाकी नीचे थीं। बुआ उस पेड़ की आड़ में बैठी सिसक रही थीं। वह उन्हें वहीं से देखता रहा। पिता ने पहले बुआ को दूर से समझाने की कोशिश की, फिर उनका हाथ पकड़कर समझाया और फिर वहीं कुएँ की दूसरी तरफ उन्हें अपनी गोद में बिठाकर चूमते-सहलाते हुए समझाने लगे थे। दोनों थोड़ा खिसककर पेड़ की आड़ में हो गए थे जिसे चाँदनी रात की रोशनी ने उजागर किया था। वह थोड़ा और आगे बढ़ा और पेड़ के दूसरी तरफ से पेड़ के काफी करीब हो गया। पिता ने रोती हुई बुआ को अपनी गोद में बिठा लिया था और बराबर उन्हें पुचकारने व चुप कराने की कोशिश कर रहे थे। अचानक रोती-रोती बुआ दोनों पैर दो तरफ कर पिता की गोद में छोटी बच्ची की तरह बैठ गईं और जोर से पिता को भींच लिया। उनका सिसकना कम हो गया था। पिता उनके गालों और गरदन पर चूमने लगे थे और बुआ भी उन्हें बार-बार खुद से कसने लगी थीं। उसे दोनों की साँसों की सम्मिलित आवाज सुनाई दे रही थी लेकिन स्पष्ट कुछ दिख नहीं रहा था। उसने दो कदम और आगे बढ़ाया और पेड़ के पीछे देखा। सबसे पहले उसे बुआ का चेहरा ही नजर आया था जो लाल हो चुका था। वह उसके पिता की गोद में बैठी हिल रही थीं और उनकी आँखें आधी बन्द थीं। अचानक बुआ की उनींदी आँखें खुलीं और एक पल के लिए बुआ ने उसे देख लिया हालाँकि उसने फुर्ती से खुद को छिपाया और जल्दी से आकर बिस्तर पर सोचने लगा कि क्या उसे सचमुच बुआ ने देखा है या फिर वह बच गया है। बुआ के चेहरे का वह रंग और भाव हमेशा के लिए उसके

मन पर दर्ज हो चुका था। उसे विश्वास नहीं हो रहा था कि उसने जो देखा वह सच था। वह कम से कम एक और बार इस अविश्वसनीय दृश्य को फिर से देखना चाहता था ताकि उसका मन उसके असली होने की तस्दीक कर सके। उसे अपने पिता से नफरत-सी हुई लेकिन नफरत से ज्यादा बुआ के प्रति अजीब-सा आकर्षण उसे खींच रहा था। उसे हर समय बुआ का वही चेहरा याद आता और वह पिता के साथ बुआ की नजदीकी वाले पल खोजता लेकिन अगले दो दिनों तक उसे कामयाबी नहीं मिली। तीसरे दिन पिता को बगल के गाँव में शादी का न्योता खाने जाना था। वह अब तक बुआ के बारे में इतना सोच चुका था कि उसकी सोच बीमार होने की हद तक जा चुकी थी। उसने किशोरावस्था से एक पैर जवानी में रख दिया था और हर पल उसकी पूरी कोशिश दोनों पैरों समेत जवानी के बगीचे में कूद जाने की थी। उसे नहीं पता था कि जवानी की नाजुक डगर पर कदम रखने से पहले ही उसके पाँवों में समय ने ऐसा कीचड़ लगा दिया है कि वह अब और लोगों की तरह सामान्य जवानी नहीं बिता सकेगा। उसके अँधेरे बाकी लोगों के अँधेरों से अधिक खौफनाक और गहरे हुआ करेंगे।

उसके भीतर जो चल रहा था उसमें हर दृश्य का कोई और ही अप्रत्यक्ष अर्थ था जिसे उसका दिमाग बिना किसी मेहनत के सुलझाने लगा था। जैसे पिता के जाने के बाद बुआ नहाने चली गई तो उसके दिमाग ने उसे छिपकर देखने की सलाह दी कि आखिर इतनी रात को कोई जवान औरत क्यों नहाने जाएगी। जरूर वह चाहती है कि वह उन्हें नहाता हुआ देखे। उसने बुआ को छिपकर नहाता देखा और जब बुआ ने हल्के अँधेरे में अपना ऊपरी वस्त्र उतारा तो बात उसके बर्दाश्त से बाहर चली गई। वह अपने हाथों से खुद को सँभाल नहीं सका, दोनों हाथों में अपनी लाश उठाए बिस्तर तक पहुँचा और उस लाश को बिस्तर पर फेंक दिया। बुआ अन्दर आईं, उन्होंने माँ के बिस्तर के सिरहाने पानी रखा और ढिबरी बुझाकर अपनी चारपाई पर बिना खाए लेट गईं। केशव भी अँधेरा होने पर चुपचाप जाकर बुआ के बिस्तर पर सो गया। पहले तो बुआ ने फुसफुसाकर उसे अपने बिस्तर पर जाने को कहा लेकिन जब केशव ने कहा कि उसे अकेले डर लग रहा है तो बुआ चुपचाप उसकी ओर पीठ करके ऊँघने लगीं। केशव आधे घंटे से कुछ अधिक समय तक बुआ के सो जाने का इन्तजार करता रहा और फिर सोने का नाटक करते हुए उनकी

कमर पर हाथ और टाँग पर टाँग चढ़ा दी। बुआ हल्की-सी कुनमुनाई तो उसने अपना शरीर स्थिर कर दिया जैसे गहरी नींद में हो। बुआ के फिर से शिथिल हो जाने के बाद उसने अपना चेहरा बुआ की पीठ पर सटाया। उनके तुरन्त के नहाए शरीर से साबुन और उनकी अपनी देहगन्ध मिलकर ऐसी सुगन्ध पैदा कर रहे थे कि केशव के हाथ से उसके दिमागी घोड़ों की लगाम छूट गई। उसके सामने पेड़ के पीछे से देखा बुआ का लाल और अधखुली आँखों वाला चेहरा आया और उसने तेजी से बुआ को लपेट लिया। बुआ उसी वक्त पलटीं और उन्होंने केशव को जोर से खुद से चिपका लिया। केशव के भीतर फैक्टरी की मशीनों जैसी तेज आवाज आ रही थी और बाहर साँसों को सुने जाने लायक सन्नाटा था। उसने उस थोड़े से अन्तराल में बुआ को पूरी तरह से सभी इन्द्रियों से महसूस किया। बुआ भी उसे कुछ देर तक महसूस करती रहीं और जैसे ही वह उनके गालों पर होंठ रखने वाला था, उन्होंने उसे अचानक धकेल दिया। उसने अँधेरे में फिर से उन्हें कसना चाहा तो उनकी कड़क आवाज उसके कान में पड़ी, "अपनी खटिया पर जा केसु।" वह चुपचाप गया और अपनी खटिया पर जाकर लेट गया। उसकी नींद उसके पिता के आने तक नहीं आई और जैसे ही आधी रात बाद पिता ने दरवाजे पर हल्की दस्तक दी, केशव अँधेरे में देखने और सुनने के लिए मुस्तैद हो गया। बुआ ने ढिबरी जलाई और दुआर पर पिता का बिस्तर लगा दिया। पिता एक बार माँ को देखने भीतर के कमरे में गए और फिर बाहर जाकर सो गए। वह इन्तजार करता रहा कि वह रात में कोठरी के भीतर आएँगे या बुआ बाहर उनके पास जाएँगी लेकिन ऐसा कुछ नहीं हुआ। इस इन्तजार में वह रात में काफी देर से सोया जिससे उसकी आँख भी सुबह देर से खुली। घर का माहौल रोज जैसा ही था लेकिन पिता उसे कुएँ पर नहाता देख आए और बिना कुछ कहे-पूछे कुछ बातें समझाई थीं जिनमें से ज्यादातर उसे उस समय समझ में नहीं आई थीं। उनमें से कुछ-कुछ बातें कभी दस तो कभी पन्द्रह साल बाद उसे अचानक समझ में आती रही हैं।

"तुम्हारा दोस्त और तुम्हारा दुश्मन दोनों तुम्हारे भीतर हैं। जिसको तुम अपने ज्यादा करीब रखोगे, वैसे बनोगे। दुश्मन हमेशा तुम्हें ऐसी बातें बताएगा जिनमें तुम्हें लगेगा कि ज्यादा आनन्द आ रहा है लेकिन उसकी बातें मानकर तुमने उसे ज्यादा सिर चढ़ाया तो वह तुम्हें ऐसी जगह ले जाएगा जहाँ से वापस आना नामुमकिन होगा। अपने भीतर के दुश्मन को पहचानना हमेशा और उससे

दूर रहना नहीं तो वह पहले तुम्हें पागल करेगा फिर बरबाद कर देगा। मैं भी उससे दूर रहने की कोशिश कर रहा हूँ।"

बुआ इसके बाद चली गई थीं और बाद में पता चला था कि फूफाजी उनके पास आकर माफी माँग कर साथ रहने लगे थे। बुआ के लिए रिक्शा लाने के बाद पिताजी चुपचाप एक कोने में खड़े थे। जब बुआ माँ के पैर छूकर रिक्शे पर चढ़ी थीं तो उन्होंने आने के विपरीत पिता के पैर नहीं छुए थे। उसने देखा पिता बुआ के सामने आँखें झुकाए खड़े थे और बुआ से आँखें मिलते ही उनकी आँखें झुक गई थीं। बुआ की आँखें फिर से भर आई थीं और रिक्शा चल पड़ा था। केशव को अपने किए पर भारी पछतावा हुआ था और उसने रोकर अपने आप को इस शर्त पर माफ किया था कि दुश्मन की बात कभी नहीं सुनेगा लेकिन इधर जब से उसने जमींदार के बेटे का चेहरा देखा था, उसके मन में ऐसे-ऐसे सवाल उठ रहे थे जिसका जवाब उसके दोस्त के पास नहीं था। उसे अपने भीतर के दुश्मन की मदद लेनी पड़ी थी और दुश्मन ने उसे जो दिशा दिखाई थी उस पर वह पूरी गम्भीरता से उतर आया था। बीच-बीच में उसका दोस्त अपनी पुरानी दोस्ती का वास्ता देकर कुछ समझाने की कोशिश करता लेकिन वह ऐसे सवाल सामने कर देता जिससे उसे चुप रह जाना पड़ता। वह समझ नहीं पा रहा था कि उसके आसपास क्या हो रहा है और उसे अपने दिल का बोझ हल्का करने के लिए क्या करना चाहिए।

बेटी ने शाम को पिता को गुड़ का रस देते हुए पिता के चेहरे पर बेचैनी और माँ के चेहरे पर तनाव देखा। वह चुपचाप खाना बनाने चली गई। केशव कुछ देर तक चारपाई पर बैठा रहा फिर टहलने की नीयत से बाहर निकल गया।

केशव अँधेरा होने तक गाँव की पगडंडियों पर बिना मतलब गुजरता रहा। आसमान में बादल बारिश के आगमन की सूचना दे रहे थे और पंछी इस बात से बेहद खुश थे। उसे कभी अपने बेटे का चेहरा याद आता, कभी जमींदार के बेटे का, कभी दौलत का, कभी अपनी बुआ का, कभी अपने पिता का तो कभी अपने दोस्तों का। सोलह साल का सूर्यप्रताप एक दिन बरम बाबा के मन्दिर में पूजा करने गया था और वहीं उसे सर्प ने काट लिया। गाँव वाले उसे लादफाँथ कर वैद्य के पास ले गए थे जिसने पीठ से थाली चिपकाकर सर्प का विष उतारने का मंत्र पढ़ना शुरू ही किया था कि सूर्यप्रताप के मुँह से झाग

निकलने लगा था। गाँव का वैद्य जिस मरीज को ले लेता था उसे हमेशा ठीक कर देता था और जिसका चेहरा देखकर ही उसे शहर ले जाने की सलाह देता था वह अक्सर नहीं बचता था। ठीक करने के विश्वास से लिया गया उसका पहला व्यक्ति उसके मंत्र से बच नहीं सका था और मर गया था। वैद्य ने उस दिन से साँप का विष झाड़ने का मंत्र पढ़ना बन्द कर दिया था। केशव और उसका परिवार कई महीनों तक ठीक से सो नहीं सके थे। हर किसी को नींद में सूर्यप्रताप दिखाई देता था। दबी जबान से दौलत बरम बाबा वाले सर्प का नाम लेकर कोई वृहद पूजा कराने की बात करती थी लेकिन केशव ने कभी इन बातों पर विश्वास नहीं किया। पुराने वक्त की बातें उसके भीतर पसरती जा रही थीं जैसे कभी कीमती न दिखने वाली ये चीजें कितनी मूल्यवान हैं। उसे लग रहा था कि जितनी देर तक बाहर है उतनी ही देर तक उसको थोड़ी राहत मिल रही है। भीतर जाते ही वह फिर से अपने दुश्मन से जूझने में लग जाएगा जो लगातार अपनी बेसिर-पैर की बातें लेकर उसके पीछे पड़ा है। चलता-चलता वह कई गाँवों और साप्ताहिक बाजारों को पार करता कब पास के कस्बे तक पहुँच गया, उसे पता नहीं चला। वह बस अड्डे तक पहुँचा था कि अचानक जोर की बारिश आ गई। वह छोटे से बस अड्डे के शेड में चला गया और चुपचाप एक पत्थर की बेंच पर बैठ गया। यहाँ से आसपास सौ-पचास किलोमीटर के लिए बसें मिलती थीं और बसों की संख्या उँगलियों पर गिनने लायक थीं। शाम आठ बजे के बाद ये बस अड्डा सुनसान हो जाता था क्योंकि उसके बाद नौ और दस बजे की सिर्फ दो आखिरी बसें वहाँ से छूटती थीं। केशव घंटे भर से ऊपर बैठा रहा लेकिन बारिश ने थमने का नाम नहीं लिया। सामने देसी दारू की दुकान पर लगी भीड़ मौसम की अति से कतई अप्रभावित थी। केशव काफी देर से अपने खयालों को सन्तुलित करने की कोशिश में लगा था लेकिन जब बस अड्डे का आखिरी यात्री भी वहाँ से भीगने का जोखिम लेकर निकल गया तो केशव उठकर दुकान में भीड़ के पीछे खड़ा हो गया। वहाँ से उसने रंगीन बयालीस डिग्री वाला ठर्रा खरीदा और बस अड्डे पर वापस आकर बैठ गया। सामने एक छोटी सी दुकान थी जहाँ बिस्किट-नमकीन और पानी का कोई लोकल ब्रांड बिक रहा था। उसने एक नमकीन का छोटा पैकेट खरीदा और एक अपेक्षाकृत अँधेरी बेंच पर बैठकर अपना ठर्रा पीने लगा। पूरी बोतल खत्म होने से पहले वहाँ दो लड़के

पहुँचे जिन्होंने अभी-अभी जवानी में कदम रखा था। उनकी उत्साह भरी बातें सुनकर स्पष्ट था कि दोनों अभी उम्र के उस पड़ाव पर थे जहाँ उन्हें महसूस हो रहा था कि जहाँ से वे गुजर रहे हैं, जो वे महसूस कर रहे हैं, वैसा पहले किसी और ने कहीं महसूस नहीं किया होगा। दोनों बुजुर्गों की तरह दुनिया की हर चीज पर बात कर रहे थे कि लेकिन उनकी उम्र की सहूलियत के अनुसार बातचीत घूम-फिरकर लड़कियों और उनके शरीर, उनके आकर्षण, प्यार और वासना के इर्द-गिर्द घूम रही थी। केशव ने जब अपनी बोतल खत्म की और उसे बेंच के नीचे लुढ़काया तो उसके दिमाग में लड़कों की बातें अधिक स्पष्ट होने लगी थीं। उनमें से जो लम्बाई में थोड़ा अधिक था और इस वजह से अपनी उम्र से दो-चार साल अधिक का लगता था, लड़कियों की बात आने पर उनके आकर्षण को खारिज कर रहा था। दूसरा दोस्त थोड़ी कम लम्बाई का लेकिन अधिक तगड़ा था। लम्बे लड़के का अपने दोस्त से कहना था कि वह अधिक उम्र की औरतों में दिलचस्पी रखता है और अपनी माँ की एक सहेली उसे बहुत पसन्द है। वह अपनी उम्र की लड़कियों की बजाय औरतों से रिश्ता रखना और उन पर अपनी जवानी को निसार करना पसन्द करेगा। उसने दावा किया कि वह औरतों के मन को पढ़ सकता है और ऐसी कोई औरत नहीं जिसके लिए वह अपना जादू चलाए और उसका असर न हो। दूसरा लड़का उसे अय्याश बता रहा था और दोनों किसी लड़की और उसकी माँ की बात करते हुए हँस रहे थे। केशव के दिमाग पर शराब और बारिश दोनों का असर इस तरह हुआ था कि पहले से दिमाग में छाए सहमे खयाल अब पूरी स्पष्टता के साथ आ रहे थे। भीतर के दृश्य बारिश में भीगे से आ रहे थे और अचानक पहले बुआ का लाल चेहरा फिर दौलत का मदमाता चेहरा उसके मन में गूँजने लगा। उसने देखा दौलत के ऊपर कोई झुका हुआ है और दौलत का नशीला चेहरा पीछे की ओर देखकर किसी के न होने की तस्दीक कर रहा है।

दोनों लड़कों को जानकर निराशा हुई कि रात नौ बजे जाने वाली आखिरी बस तेज बारिश और जलजमाव की वजह से कैंसिल हो गई थी। दोनों बातें करने लगे कि इस बार की छुट्टी की शुरुआत अच्छी नहीं हुई है। लम्बा लड़का निराश हो गया कि उसे सुबह अगली बस का इन्तजार करना पड़ेगा और दोस्त जोर देने लगा कि वह फिर से उसके घर पर चला चले

जहाँ वह पिछले चार दिन से ठहरा था। लम्बे लड़के ने कहा कि रास्ता बहुत खराब है और सुबह पाँच बजे की बस के लिए उसके घर से आने में दो घंटे लग जाएँगे। उसने अपने दोस्त को वापस घर जाने की सलाह दी क्योंकि पानी बरसना रुक नहीं रहा था। काफी समझाने के बाद तगड़ा लड़का अपने दोस्त को छोड़कर जाने को तैयार हुआ। केशव ध्यान से उनकी बातें सुन रहा था। लम्बे लड़के के अकेले रह जाने के बाद वह उसके पास पहुँचा और उससे बातें करने लगा। पहले तो लड़के ने उसे अनदेखा करने की कोशिशें कीं लेकिन उसने बार-बार समझाया कि बेटा तुम मेरे घर ठहर जाओ क्योंकि बारिश रात भर होगी तो बस सुबह भी नहीं आएगी और जब आएगी नहीं तो जाएगी भी नहीं। लड़के ने अपना नाम जयदीप बताया और कस्बे के आवासीय कॉलेज का छात्र होने की बात बताई। जब केशव को पता चला कि उसकी महीने भर की छुट्टी हो गई है तो उसने अपने दुश्मन की बात पर ध्यान दिया जो काफी देर से एक घिनौने खयाल को उसके भीतर उतार रहा था। केशव ने जयदीप से धीमी आवाज में कहा कि उसकी पत्नी की उम्र बयालीस साल है और वह बहुत सुन्दर है। जयदीप के कान खड़े हो गए। उसे किसी खतरे का एहसास हुआ और वह चौकन्ना नजर आने लगा। उसने केशव को पागल कहकर झिड़का और दूर जाकर खड़ा हो गया जैसे केशव से आ रही बदबू उसे बर्दाश्त नहीं हो रही हो। केशव एक हत्यारे की तरह चपलता से खड़ा हो गया और उसके पास पहुँच गया। उस समय उसके चेहरे पर जो भाव थे अगर उन्हें किसी चित्र में हूबहू उतारकर उसे दिखाया जाता तो वह उसे अपना चेहरा मानने से इनकार कर देता।

जयदीप ने उससे दुत्कारते हुए पूछा कि वह ऐसा घिनौना काम क्यों करना चाहता है। केशव ने कहा कि उसकी पत्नी उससे खुश नहीं रहती और वह अपनी पत्नी के चेहरे पर खुशी देखना चाहता है। जयदीप ने कहा कि उसने अपने दोस्त के सामने डींग हाँकने के लिए वो सब फालतू बातें कही थीं और उसका कभी किसी औरत से कोई वैसा रिश्ता नहीं रहा, उसकी एक दोस्त है जिसे वह कभी चाहता था लेकिन अब वह उसके एक दूसरे बा-रोजगार दोस्त को चाहती है इसलिए फिलहाल उसके जीवन में सिर्फ बैंक में अधिकारी बनने का सपना ही मुख्य है। केशव ने दौलत की सुन्दरता का बखान शुरू किया और उसे बहुत आनन्द आ रहा था कि वह एक अनजान लड़के के

सामने अपनी पत्नी के हुस्न और उसकी जवानी का बखान कर रहा है। उसके भीतर से एक हल्की आवाज ये भी आ रही थी कि ये सब बन्द करो और घर जाओ, तुम्हारी पत्नी और बेटी तुम्हारा इन्तजार कर रही होंगी। वह बराबर उस आवाज को दबाए हुए उस आवाज को सुन रहा था जो कह रही थी इस लड़कों को प्रेमी बनाकर अपनी पत्नी को तोहफा दे दो। अगर तुम्हारे अलावा उसे जीवन में जमींदार या किसी और की भी जरूरत कभी पड़ी हो तो इसका मतलब तुम्हारे अलावा कोई और भी है। जब कोई और भी है तो फिर कोई और भी हो, क्या फर्क पड़ता है। उसे सब कुछ खुलकर करना चाहिए। वह उसे मना थोड़ी करेगा। आज तक वह उस पर आँखें मूँदकर भरोसा करता रहा है। अगर उसे प्रेमी की जरूरत नहीं होगी तो इस लड़के या किसी भी आदमी से उसे कोई फर्क नहीं पड़ेगा। अगर जरूरत होगी तो उसे अपनी प्रिया की यह जरूरत पूरी करनी चाहिए। उसके चेहरे पर एक क्रूरता ने जन्म लिया जो जल्दी ही उसका स्थायी भाव बन जाने वाली थी।

जयदीप के पास चारा भी कोई नहीं था और जैसी अजीब स्थिति सामने थी वैसी फिर कभी जन्म में पड़ेगी या नहीं, ये जयदीप के लिए विकट प्रश्न भी था। जैसा यह अधपागल दिखने वाला आदमी कह रहा है इसका मतलब है कि इससे कोई चोरी या लड़केबाजी वाला डर नहीं है, अगर और कोई खतरा होगा तो देखा जाएगा लेकिन बारिश रुकने तक का जुगाड़ तो हो ही गया। कल की कल देखी जाएगी, ये मन में सोचकर जयदीप केशव की बातों को चुपचाप सुनने लगा और केशव इसे जीत समझकर जहाँ खड़ा था, वहाँ से और नीचे गिरने की कोशिश करने लगा।

केशव के पीछे रास्ते में लगे पानी से यथासम्भव बचने की कोशिश करते हुए चल रहा जयदीप रास्ते भर ये सोच रहा था कि अगर इस आदमी से या किसी और से कोई खतरा हुआ तो वह उनका मुकाबला अपने बैग में रखे नेलकटर से करेगा। केशव के कदमों में वैसी सुस्ती नहीं थी जैसी जाते वक्त थी। वह तेज और उत्साहित कदमों से जल्दी से जल्दी घर पहुँच जाना चाहता था। पीछे पलटकर उसने जयदीप को समझाया कि वह दौलत को चाची-मौसी जैसा कोई सम्बोधन नहीं देगा और पहली मुलाकात से ही उसे अपने वश में करने की कोशिश करेगा। केशव ने उसे आश्वस्त किया कि इसमें वह उसकी पूरी मदद करेगा। जयदीप ने सहमति देते हुए सोचा कि कल

सुबह नहीं तो दोपहर में वहाँ से भाग लेगा। बस रात में बारिश रुक जाए, उसने मन में प्रार्थना की।

दौलत और चन्द्रमा दोनों खाना बनाकर केशव का इन्तजार कर रही थीं और घबराई दौलत बगल वाले घर में गुहार लगा आई थी। केशव जब घर पहुँचा तो उसका पड़ोसी अपनी साइकिल निकालकर उसे खोजने जाने वाला था। उसने पड़ोसी का धन्यवाद किया और जयदीप को लेकर घर में पहुँचा। उसने दौलत और चन्द्रमा से उसका परिचय दो गाँव दूर रिश्ते के भाई के लड़के के रूप में कराया। दौलत को देखकर जयदीप देखता ही रह गया। एक तो रास्ते भर केशव के मुँह से सुनी तारीफ, उम्र और मौसम की विवशताओं का कोलाज और रात का अँधेरापन, जयदीप जब दौलत के पाँव छूने झुका तो उसके गोरे और नरम पाँवों को हाथों से सहला दिया।

"आपको चाची कहना पड़ेगा क्या?" यह कहकर उसने केशव की ओर देखा जो कपड़े बदल रहा था और जयदीप के लिए अपने कपड़ों में से चुन रहा था।

"लगेंगी तो चाची ही बाकी तुम्हारी इच्छा।" केशव ने हँसते हुए कहा तो दौलत को अजीब-सा महसूस हुआ। उसने एक बार केशव को देखा फिर जयदीप को जो उसे ऐसे देख रहा था जैसे आँखों में भर लेना चाहता हो, फिर जाकर दोनों के लिए खाना निकालने लगी।

उसने महसूस किया था कि केशव अचानक उससे खिंचा-खिंचा सा रहने लगा है। वह केशव के पास जाने की कोशिश करती तो उसकी आँखों में कभी अजनबीपन और कभी चिनगारियाँ देखकर सहम जाती। कुछ तो ऐसा हुआ था बीते दिनों में जिसने केशव को भीतर से पूरी तरह बदल दिया था। पहले दौलत ने इसे बेटी की शादी के दबाव से जोड़ा था लेकिन अब पिछले कुछ दिनों से जिस तरह से वह शादी के लिए पैसे जुटाने के इन्तजाम से उदासीन हुआ था, दौलत समझ गई थी कि केशव अपने खेत बेचने को मन ही मन तैयार हो चुका है जिसका ग्राहक उसकी पट्टीदारी का एक भाई है जो कई सालों से इस सौदे के लिए तैयार है। वह केशव के सो जाने के बाद बहुत ध्यान से उसके चेहरे को पढ़ने की कोशिश करती। कभी दुलार में भर उसके चेहरे पर अपनी हथेली रखती तो केशव जाग जाता और उसका हाथ झटक देता।

दौलत ने जयदीप का बिस्तर बाहर लगाया तो काफी रात गुजर चुकी

थी। रात में उसने केशव के सीने पर हाथ रखा तो केशव ने चुपचाप उसका हाथ हटाया और आँखें बन्द कर सोने का अभिनय करने लगा। दौलत की आँखें भर आईं और उसे लगने लगा कि बीच-बीच में वह जिस तरह अपने पति की तुलना दूसरों से करती है या फिर कभी-कभी खुद को सब कुछ होते हुए भी किसी अनजानी-सी कैद में महसूस करती है, यह उसी अशुभ सोच का फल है जो उसे भुगतना पड़ रहा है।

बारिश सुबह भी नहीं रुकी थी, थोड़ी कम जरूर हो गई थी। दौलत की आँख खुली तो उसने केशव को बिना छतरी लिये घर से निकलते देखा था। उसके आवाज लगाने पर उसने यही कहा कि बारिश आज भी रुकने के आसार नहीं हैं इसलिए वह कुछ खाने-पीने की सामग्री लेकर आएगा ताकि जयदीप यहाँ हफ्ते-दस दिन रुके तो उसको कोई तकलीफ न हो। दौलत ने उससे कुछ और भी कहना चाहा लेकिन वह नहीं रुका। रात भर की बारिश से रास्तों में घुटनों से थोड़ा नीचे तक पानी भर गया था। केशव के दिमाग में जो अवरोध था उसके सामने यह कुछ भी नहीं था इसलिए वह पूरी सहजता से चलता हुआ गाँव के बाहरी सीमाने पर अपने बचपन के दोस्त मानिक के घर पहुँचा जो छोटे से घर में अकेला रहता था। उसके घर के सामने थोड़ी दूरी पर बरम बाबा का मन्दिर और गाँव का सबसे बूढ़ा नीम था जिस पर बचपन में केशव और मानिक ओल्हापाती और तमाम तरह के खेल खेला करते थे। मानिक ने एक लड़की के प्रेम में विवाह नहीं किया था और दिन भर नशा करने और कड़वी जबान की वजह से पूरे गाँव और मित्रों-रिश्तेदारों से कट गया था। केशव का शादी के बाद तक उसके साथ बराबर उठना-बैठना था लेकिन दौलत के रोकने-टोकने, समझाने और बात का बतंगड़ बनाने पर उसने मानिक के साथ मिलना-जुलना कम कर दिया था। दोस्त से मिलने जाना तो हर रात ठर्रा पी के आना उसे जरा भी पसन्द नहीं था और बेटी के हो जाने के बाद उसके जीवन में वैसी भी कई और जिम्मेदारियाँ चुपके से चली आई थीं तो दोस्तों से मिलना-जुलना औपचारिक ही रह गया था। मानिक के घर फुर्सत से मिलने केशव सालों बाद आया था। इसके पहले वह अपने बेटे की मौत पर कुछ दिन बाद आया था तो उसे पता चला था कि मानिक ने पैसों की तंगी की वजह से शराब छोड़कर चिलम को अपना साथी बना लिया है। वह प्रायः दिन भर एक ही जगह पड़ा रहता था और गाँव के कुछेक नए-पुराने दोस्तों के साथ पासे

या ताश खेलता रहता था। केशव उसके घर पहुँचा तो वह कहीं बाहर गया था मगर उसकी चिलम गरम थी। इसका मतलब केशव ने लगाया कि वह अभी थोड़ी देर पहले वहीं था। वह उसकी कोठरी में बैठकर इन्तजार करने लगा। थोड़ी देर बाद मानिक आया और बताया कि निपटने जाने की गाँव में बहुत समस्या है और वह एक पेड़ की सोर पर बैठ के हाजतमुक्त होकर आ रहा है। उसने खिलखिलाते हुए कहा कि अगर दो दिन और बारिश होती रह गई तो गाँव में पिछले के पिछले साल की तरह नाव चलेगी और हगने के लिए नाव पर बैठकर जाना पड़ेगा। यह कहकर मानिक जोर से हँसा तो केशव को याद आया कि बचपन में वे और उसके दोस्त मनाया करते थे कि इस साल बाढ़ आए ताकि नाव का मजा लेने को मिले लेकिन बाढ़ इस क्षेत्र में प्राय: तीन-चार साल के अन्तराल के बाद ही आया करती थी। वह भी मुस्कराया।

मानिक ने नई चिलम भरी और चिलम जगाने के बाद उसे केशव की ओर बढ़ाया। केशव ने हिचकिचाते हुए चिलम थामा। उसने एक जोरदार दम लगाया और ढेर सारा धुआँ उगला। मानिक की दृष्टि में पुराने दोस्त के लिए तारीफ थी और तारीफस्वरूप उसने दूसरी चिलम भी जल्दी ही भर दी। केशव की आँखें लाल हुईं तो उसे दुनिया की गति थोड़ी अपने साथ मिलती-सी महसूस हुई। उसकी अकड़ी हुई देह और सभी इन्द्रियाँ थोड़ी सहज लगने लगीं और वह वहीं लेट गया।

उसने मानिक से बिना लागलपेट सीधा पूछा कि क्या उसे कभी महसूस नहीं होता कि उसने बिना शादी-ब्याह किए अकेला रहने का जो फैसला किया था वो गलत था। मानिक से कुछ भी पूछने के लिए उसे कभी किसी भूमिका की जरूरत नहीं रही थी। उसे लेकर उसके मन में हमेशा एक अपराधबोध रहता था कि अपनी जिन्दगी का ढर्रा बदलने के बाद सभी दोस्तों ने एक समय के बाद मानिक को अपनी परिधि से काट दिया था। मानिक ने कभी कोई शिकायत नहीं की। बाप के छोड़े मुट्ठी भर खेत अधिया पर भी उसके जीने-खाने भर का दे देते थे और इससे ज्यादा उसे चाहिए भी नहीं था। मानिक अपने दोस्त के सवाल पर पहले हँसा, फिर थोड़ी देर मुस्कराया फिर संजीदा हो गया।

“पहले कभी लग भी जाता था तो अब क्या लगेगा, अब तो आखिरी आश्रम है।” उसकी बात केशव नहीं समझा तो उसने केशव के लिए फिर से चिलम भरी ताकि केशव अपने घर-परिवार की चिन्ता से दूर होकर पहले

उसके धरातल पर आकर उसकी बात तो समझ ले।

"पहले जैसे सौ साल का जीवन मानकर चार आश्रम बताए गए थे पचीस-पचीस साल के, अब साठ से अधिक तो जल्दी कोई जाता नहीं तो पन्द्रह-पन्द्रह साल के वही चार आश्रम हो गए हैं। पहला पन्द्रह बचपन खेलने और जानने वाला, दूसरा पन्द्रह पढ़ाई फिर नौकरी करके जीवन व्यवस्थित करने की कोशिश करने वाला, फिर तीसरा पन्द्रह शादी-ब्याह और बच्चे का सुख लेने का और आखिरी पन्द्रह इन सबके पीछे भाग के या इन सबसे दूर भाग के रोने वाला। तो हाँ, इसके पहले वाले पन्द्रह में कभी-कभी लगता था कि अकेला रहके गलत किए या ठीक लेकिन इस आखिरी पन्द्रह में तो हमेशा यही लगता है कि एकदम ठीक किए। मरना ही है तो अकेला मरे आदमी, किसी को मार के या किसी को रुला के क्यों मरना।"

ऐसी बातें केशव को बेहद बचकानी और ध्यान न देने योग्य लगती थीं लेकिन उस समय की बारिश और हवा में न जाने क्या था, केशव को उसकी बातें बिलकुल ठीक लगीं। बारिश अब तेज होती जा रही थी और मानिक ने आशंका व्यक्त की कि अगर ऐसी ही बारिश अगर तीन से चार दिन और हुई तो बूढ़ा अजगर फिर से बाहर आ सकता है। अजगर की बात सुनकर केशव के होंठों पर मुस्कराहट आ गई।

गाँव का सबसे बूढ़ा नीम बरम बाबा के मन्दिर के पास था और उसके तीन अत्यन्त मोटे तने उसकी आकृति को रहस्यमयी और डरावना बनाते थे। बीच वाला तना अजीब आकृति में था और तने के बीच का हिस्सा बहुत बड़े आकार में फूला हुआ था और उसमें एक कोटरनुमा भीतर जाने का रास्ता था। गाँव के बच्चों में ये बात उनकी पिछली पीढ़ियों से फैली थी कि इस कोटर में एक विशालकाय सर्प रहता है जो बरम बाबा का रखवाला है। कई बच्चों को उनके बाबाओं और पिताओं ने अपनी आँखों से उस सर्प को देखने की कथा सुनाई थी और फिर बाद में उस परम्परा को कायम रखते हुए कई बच्चों ने भी उस सर्प को देखने का दावा किया था। एक शाम मानिक को बुखार हुआ था और उसने काँपते स्वर में अपने दोस्तों को उसे देखने की कथा सुनाई थी। कुछ समय बाद जब एक-दो और दोस्तों ने भी अलग-अलग घटनाओं में उस अजगर को देखने की बात की थी तो केशव ने भी एक दिन पूरी पटकथा तैयार कर अपने दोस्तों में शोर मचाया था कि उसने अजगर

देखा था। उसने दोस्तों को बताया कि वह बरम बाबा के मन्दिर की तरफ से आ रहा था और तेज पेशाब लगने की वजह से वह मन्दिर से थोड़ी ही दूरी पर पेशाब करने लगा था कि नीम के पेड़ से वो सर्प उसकी ओर झपटा था। उसने किसी तरह भागकर अपनी जान बचाई थी। बचपन में केशव को हमेशा लगता था कि उसने भले ही सर्प के बारे में झूठ बोला था लेकिन उसके बाकी दोस्तों, खासकर मानिक ने जरूर वो अजगर देखा होगा क्योंकि उसकी बातें सुनते हुए कभी नहीं लगता था कि वो झूठ बोल रहा है। हालाँकि उम्र होने के साथ-साथ केशव को इन सब बातों पर हँसी आती थी और वो समझ गया था कि ये अजगर सिर्फ कहानियों में साँस लेता है और गाँव के लोग इसे पीढ़ी दर पीढ़ी अपनी कथाओं में जिन्दा रखते हैं। दिमाग में हल्की हवा महसूस करता केशव दीवार की टेक लेकर टेढ़ा हुआ और हँसता हुआ मानिक का मजाक उड़ाने लगा। मानिक ने सर्प की बात को हल्के में न लेने का आग्रह किया तो केशव ने इन सब अफवाहों पर उम्र का झाड़ू फेरते हुए बताया कि कहीं कोई सर्प नहीं है और सबकी तरह उसने भी सर्प देखने की झूठी कहानी फैलाई थी। उसकी बात सुनकर मानिक गम्भीर हो गया और जरूरत न होने पर भी तीसरी चिलम भरने लगा। उसने खुद माचिस दिखाकर अपनी चिलम जगाई और गम्भीर मुद्रा में दरवाजे की तरफ देखता रहा। केशव ने माहौल को हल्का करने के लिए कहा कि बचपन ऐसा खूबसूरत गाँव था जहाँ कोई भी कहानी सच्ची लगती थी। मानिक ने फिर से जोर दिया और कहा कि उसने सर्प सच में देखा था। केशव मुस्कराता रहा और इस बार उसने दोस्त की बात को काटा नहीं बल्कि मन ही मन सोचने लगा कि विवाह और बच्चे होने के बाद आदमी बहुत प्रैक्टिकल हो जाता है लेकिन जो अपने पुराने वक्त में ही रुका रहे, वो नई तरह से सोचने पर खुद को बूढ़ा महसूस कर सकता है। मानिक अपने बचपन और किशोरावस्था को झुठलाना नही चाहता क्योंकि उसके पास सबसे सुन्दर यादें उसी समय की हैं, यह सोचकर केशव ने कुछ भी टिप्पणी करने से आगे खुद को बचाए रखा और मानिक के हाथ से चिलम लेकर दम लगाने लगा।

जयदीप का बिस्तर ओसारे में लगता था और आज बहुत लम्बे समय बाद केशव ने दौलत को अपनी कोठरी के अँधियारे में निर्वस्त्र किया था। उत्तेजना की गलियों में भटककर लौटने के बाद जब दोनों एक-दूसरे के पास

होकर भी मीलों दूर थे, अचानक दौलत ने करवट बदली और अपनी हथेली केशव की छाती पर रख दी।

"अगर कुछ पूछना चाहते हो तो खुलकर पूछो। हम बुरा नहीं मानेंगे।" दौलत की इस बात पर किसी बीहड़ में गुम हो चुका केशव अचानक अपने बिस्तर पर वापस लौटा। उसे दौलत से कुछ पूछना नहीं था लेकिन वह सब कुछ जानना चाहता था। दौलत ने उसे खुद ये मौका दिया था इसलिए वह कुछ न कुछ तो उससे पूछना चाहता ही था। उसने कुछ इस तरह भूमिका बनानी शुरू की ताकि दौलत को उसके जाल का एहसास भी न हो और वो उसमें फँस भी जाए।

दौलत ने जितना समझा उतने में यही पाया कि उसका पति उससे ये जानना चाहता है कि क्या कभी उससे दूर होने पर उसने किसी और तरीके से अपनी देह की जरूरत को शान्त करने की कोशिश की है। बदले में केशव उसे कई तरह के उदाहरण देता रहा जिसमें बुआ का उदाहरण सबसे स्पष्ट था। उसने दौलत को शुरुआती कुछ सालों के बाद धीरे-धीरे विश्वास में लेने के बाद बुआ वाले वृत्तान्त के बारे में बताया था। इस बात पर दौलत के कुछ सहज होने के बाद जोश भरे पलों में उसने उसे यह भी बताया था कि कभी-कभी उसे यह अपने जीवन की सबसे बड़ी कमी की तरह लगता है कि वह उस रात पूरी तरह से कामयाब नहीं हो पाया था। दौलत यह बात और उसके भीतर की कुंठा को समझती थी और इस बात पर केशव दौलत पर निसार हो गया था कि अन्तरंगता के नाजुक पलों में वह अक्सर बुआ और उस रात के बारे में पूछने लगती थी और केशव के अन्दर जैसे कोई सोया हुआ जानवर जाग जाता था। सामान्य तरीके से देहाचार करता केशव किसी जंगली जानवर की तरह दौलत पर नए जोश के साथ टूट पड़ता था और तूफान के गुजर जाने के बाद ये बोलकर दौलत के सामने अपनी शर्मिन्दगी दूर करता था कि सही हो या गलत, पागलपन के इस दौरे का आनन्द उसके साथ दौलत को भी मिलता ही है। दौलत इस पर सिर्फ मुस्कराती थी और केशव कभी जान नहीं पाया कि दौलत को उस समय अच्छा लगता है या बुरा क्योंकि उन पलों के पहले और बाद कभी दौलत इसके बारे में एक शब्द न बात करती थी न उसकी बातों का मुस्कराहट के अलावा कोई जवाब देती थी। उसने दौलत को बताया था कि जब एक बार वह बाकी दोस्तों की तरह मन्दिर आन्दोलन

में गया था और पहली बार पत्नी से इतने दिनों के लिए दूर हुआ था तो एक रात आखिर मजबूर होकर उसने अपनी पत्नी की निर्वस्त्र देह को याद करते हुए अपनी आग को अपने हाथों से शान्त किया था। उसने उदाहरण देने के लिए दौलत को ये भी समझाया कि कई बार शुरू में वह बुआ और उनके लाल चेहरे को याद करता हुआ बहुत दूर निकल जाया करता था और अपने हाथों से खुद के साथ ऐसा व्यवहार कर बैठता था जिस पर उसे बाद में बहुत पछतावा हुआ करता था। उसने ये नहीं बताया कि उसकी जिन्दगी का बड़ा हिस्सा इस पछतावे में बीतता रहा है जिसे वह पूरी तरह किसी से नहीं बाँट सकता। कुछ अँधेरे ऐसे होते हैं जिनमें कोई आपका हाथ पकड़कर रास्ता नहीं दिखा सकता। वो आपके जीवन में आ गया तो हमेशा रहेगा और वक्त के साथ उसका गाढ़ापन और बढ़ता जाएगा।

दौलत ने शरमाते हुए उन्हीं दिनों की याद की जब केशव गाँव के कई दोस्तों के साथ मन्दिर आन्दोलन में अयोध्या गया था और मस्जिद टूटने के बाद उसने गाँव के सरपंच के यहाँ फोन किया था। दौलत ने उसकी आवाज में बहुत जोश महसूस किया था और रात को सोते हुए उसे केशव की हँसी के साथ उसका खिलखिलाता चेहरा दिखता रहा था। ऐसी हँसी के साथ केशव की बदमाशियाँ उसे याद आती रही थीं और उसका मन चंचल हो गया था। केशव इस नई जानकारी से थोड़ा हैरान हुआ और फिर उत्साहित। दौलत ने बताया कि उस रात उसने खुद को हाथ लगाया था।

"किसे याद किया था वैसा करते हुए?"

दौलत केशव का सवाल नहीं समझ सकी थी।

"आपको और किसे?"

"अरे वैसे नहीं, हमें याद करके शुरू किया होगा लेकिन बीच में कोई और चेहरा भी तो याद आया होगा? जो कभी तुम्हारे गाँव में तुम्हें पसन्द रहा हो, या कोई ऐसा जिसको तुमने वैसे देखना चाहा हो?"

दौलत थोड़ी देर चुप रह कुछ सोचती रही। पति के अन्दर के बदलावों को वह काफी दिनों से देख रही थी और समझ चुकी थी कि इससे भागने की बजाय इसे समझने से ही बात बन सकती है। उसने सोच कर कहा कि वह सिर्फ केशव को ही याद कर रही थी तो केशव का चेहरा बुझ-सा गया। दौलत उस चेहरे को ध्यान से पढ़ती रही। केशव ने फिर से हौसला जुटाया

और दौलत को अपनी शादी की शुरुआती रातें याद दिलाने लगा जब दोनों रात भर एक-दूसरे से गुत्थमगुत्था रहते थे और एक-दो से आगे तीन बार भी एक-दूसरे में उतरते रहते थे। दौलत केशव के मन को समझने की कोशिश में चुपचाप मुस्कराती रही। केशव ने दूसरी बार दौलत को चूमना और सहलाना शुरू किया और पैंतरा बदलते हुए कहा कि दोनों के मन उतने ही जवान आज भी हैं लेकिन बात उम्र की होती है। अगर उसकी उम्र जयदीप इतनी होती तो वह तुरन्त दूसरी बार के लिए तैयार हो चुका होता। यह कहते हुए उसने चोर नजरों से दौलत के भाव पढ़ना जारी रखा भले प्रत्यक्षतः वह उसे पूरे जोश से चूमने में लगा था। उसने गौर किया कि जयदीप का नाम सामने आते ही दौलत कुछ परेशान-सी हुई फिर उसने अपने आपको सँभाल लिया। केशव ने दूसरी बार कोशिश की लेकिन दौलत के भीतर कोई हलचल नहीं हुई तो वह भी आखिर थोड़ी देर बाद दौलत का चेहरा अपने सीने पर रख सहलाता हुआ सो गया। उसके सोने के बाद दौलत देर तक उसके चेहरे को घूरती रही कि आखिर उसके मन में क्या चल रहा है।

हमारे आगे और पीछे समय के दो दर्पण होते हैं जिनमें हम अपने चेहरे को देखते और समय की गति को पहचानने की कोशिश करते हैं। हमारे सामने रखे दर्पण में हमारा वो चेहरा हमें दिखाई देता है जैसा हम खुद को, अपने समय को और अपने जीवन को समझना चाहते हैं, जैसा हमें ऊपर-ऊपर दिखाई देता है, जैसा हमें लोग बताते हैं या फिर हम चाहते हैं कि जैसा लोग हमें बताएँ या समझें। दूसरा दर्पण हमारे पीछे रखा होता है जिसमें देखने के लिए पीछे की ओर झुकना पड़ता है। इसमें हम अपना असली चेहरा देख सकते हैं लेकिन यह पीछे देखना कुछ ऐसा तकलीफ भरा होता है कि हम आखिरी-आखिरी तक इस दर्पण में देखना टाले रहते हैं। हम जानते हैं कि हमारा असली चेहरा और हमारे असली जीवन की तसवीर इस वाले दर्पण में ही स्पष्ट देखी जा सकती है लेकिन हम इसमें देखकर अपने जीवन की असली और उदास कर देने वाली सच्चाई को देखना अपने जीवन के आखिरी काम की तरह भूले रहते हैं। दौलत भी अपने जीवन की सच्चाई को देखने से इनकार किए आँखें मूँदे रहती थी लेकिन इधर कुछ दिनों से इस दर्पण और उसके बीच की दूरी क्रमशः कम होती जा रही थी।

जयदीप अगले ही दिन निकलने का इच्छुक था लेकिन घर में घुसते ही उसे जिस चीज ने रोक लिया था वो चन्द्रमा की आँखें थीं जिन्हें देखकर जयदीप को ऐसा लगा था जैसे उसे कोई बहुत ही मुश्किल, कोई अबूझ-सी पहेली समझने के लिए दे दी गई है। इतनी सुन्दर लड़की की आँखों में आखिर ऐसा खालीपन कैसे आ सकता है, ये बात उसकी समझ से परे थी। उसे यहाँ तीन दिन हो गए थे और उसने देखा था कि चन्द्रमा घर को अपनी उपस्थिति से अनभिज्ञ रखती है। वह इस धरती पर किसी की गलती की तरह जी रही है और वह अपने व्यक्तित्व से इस कदर सहमी नजर आती थी कि जयदीप को अपनी उम्र और अपने उत्साह पर अफसोस होने लगा। उसने बात बढ़ाने के क्रम में एक-दो बार चन्द्रमा से कुछ पूछने-जानने की कोशिश की थी लेकिन चन्द्रमा हूँ-हाँ में जवाब देकर किसी सम्भावना को आगे बढ़ने नहीं दे रही थी। जयदीप को वह खुद से जितना दूर रखने की कोशिश करती, जयदीप उतना बेचैन होता गया। वह भूल गया कि उसे अपने घर भी जाना है और उसे महसूस होने लगा कि उसे समय ने किसी खास मकसद से इस घर में भेजा है। चन्द्रमा का आकर्षण उसके मन में हर क्षण पहले से अधिक सघन तरीके से बढ़ता जा रहा था। वह केशव से घबराता था क्योंकि केशव उसे अकेला पाते ही ऐसी बातें करने लगता था जिससे उसे अपनी साँस घुटती-सी महसूस होती थी।

तीसरे दिन कुछ देर के लिए बारिश रुकी थी और आसमान साफ हो गया था। ऐसा लग रहा था कि आसमान अपने बचे-खुचे बादलों को समेट कर अब बहुत दूर जा रहा है और अब काफी दिनों तक इधर का रुख नहीं करेगा। गाँव वाले बादलों के इस छल को जानते थे इसलिए कुछ और वक्त उनकी नीयत जानने का इन्तजार कर रहे थे। कुछ बच्चे पानी हेलते हुए अपने दोस्तों से मिलने उनके घर चले गए थे और कुछ चंचल औरतें दो दिन की बातें व अनुभव अपनी सखियों से बाँटने के लिए साड़ी घुटनों तक उठाए बाहर निकली थीं। जयदीप अब किसी बहाने की ओट नहीं ले सकता था। उसने अपना बैग ठीक कर लिया था। दौलत पड़ोस के घर में नमक या चीनी लेने गई थी और चन्द्रमा हमेशा की तरह चूल्हे के पास बैठी चूल्हे से बातें कर रही थी। जयदीप ने चूल्हे को सुनाते हुए कहा कि वह जा रहा है। चूल्हे ने कोई जवाब नहीं दिया। उसने चूल्हे से कहा कि उसका बनाया खाना उसे अगले कई जन्मों तक याद रहेगा। चूल्हा धीमे-धीमे सुलगता रहा और जयदीप

को महसूस हुआ कि अगर वह तुरन्त नहीं निकला तो उसके जीवन में कुछ ऐसा होने वाला है जिसे सँभालने के लिए अभी वह शायद बहुत छोटा हो या बहुत नादान। वह अपना बैग लेकर निकला ही था कि बाहर से आता केशव उसका हाथ पकड़कर भीतर ले गया।

केशव जयदीप को किसी दूसरी दुनिया का प्राणी लग रहा था। एक सुन्दर और पर्याप्त सुखी परिवार में कोई एक आदमी इतना बीमार कैसे हो सकता है? और अगर घर का यह मुखिया ही इतना बीमार था तो यह घर अभी तक बचा कैसे है? उसने केशव के प्रस्ताव पर थूक दिया और नफरत से उसका चेहरा देखने लगा। केशव के चेहरे पर किसी बीमार जैसे भाव थे जिसे पता हो कि उसकी उम्र सिर्फ कुछ घंटों की बची है और वह अपनी आखिरी इच्छा बता रहा हो। जयदीप ने वापस अपना बैग कन्धे पर लिया और निकलने लगा तो केशव ने उसका बैग पकड़ लिया। उसी पल जयदीप की नजर चन्द्रमा पर पड़ी जो चूल्हे से निकलकर ओसारे तक आई थी और अपनी खाली आँखों से सिर्फ जयदीप को देखे जा रही थी। जयदीप ने बैग कन्धे से उतारा ही था कि हल्की बूँदाबाँदी के भेष में बादल फिर से अपनी रौ में वापस आते दिखे।

केशव दौलत के ऊपर झुका हुआ था और दौलत के ऊपर का हिस्सा निर्वस्त्र था। वह लगातार अपनी बढ़ती जा रही उम्र की बातें कर रहा था और अपनी कम उम्र को याद करने के लिए जयदीप के नाम का सहारा ले रहा था। दौलत समझ चुकी थी कि वह एक ऐसी अनबूझ पहेली में उलझ चुकी है जिसे पूरी कोशिश करके भी सुलझाना शायद उसके बस का नहीं है। पुरुष की कल्पनाएँ बेलगाम होती हैं और वो जिस भी दिशा में जाने लगीं, उसका अतिक्रमण करना ही उनकी नियति होती है। हर पुरुष के भीतर एक बेलगाम जानवर होता है जिससे बचे रहना और जिसे बचाए रखना उसके जीवन के जरूरी कामों में से एक होता है। दौलत समझ चुकी थी कि आज तक वो जिसके साथ रहती आई थी, ये वो पुरुष नहीं है। ये कोई और है जो अपने भीतर के जानवर की पीठ पर सवार है। हालाँकि इतना तो वो भी नहीं समझ पाई थी कि वो जानवर अब बाहर आकर केशव के ऊपर सवार हो चुका था और अब केशव उसे नहीं बल्कि वो केशव को संचालित कर रहा था। केशव अपने मन में एक से एक कुत्सित कल्पनाएँ ला रहा था और जब वह दौलत के भीतर उतर रहा था तो उसके मन में कल्पना थी कि जमींदार दौलत

के ऊपर झुका हुआ है और दौलत उसके भीतर उतरने का इन्तजार कर रही है। दो-तीन बार प्रयास करने के बाद भी केशव अपनी उस उम्र में नहीं जा पाया था जहाँ दौलत के भीतर उतरने के लिए उसे किसी अतिरिक्त प्रयास की जरूरत नहीं होती थी। उसकी शिथिलता उसे झुँझला रही थी और तभी उसने चोर नजर से खिड़की की ओर देखा। खिड़की उसने जान-बूझकर आधी खुली छोड़ रखी थी और जब उसने जयदीप के चेहरे की झलक वहाँ देखी तो उसे अपने भीतर एक अनोखा और अबूझ तनाव महसूस हुआ। एक ऐसा तनाव जिससे वह अब तक अनभिज्ञ था, एक ऐसा भाव जिसके बारे में कोई अगर उसे एक महीने पहले बताता तो वह घृणा से सामने वाले के चेहरे पर थूक देता लेकिन इस समय यह भाव उसे उत्तेजित कर रहा था। इस कदर उत्तेजित कि जब वह दौलत के भीतर उतरा तो दौलत के मुँह से वो कराह निकली जो सुख में हैरानी मिलने से अपने आप निकल पड़ती है। इस कराह ने केशव के भीतर और बिजली भरी और साँसों की बढ़ती आवृत्ति में भी अचानक उसकी निगाहों का अनुसरण करने की कोशिश में दौलत ने भी कनखियों से खिड़की पर देख लिया। वहाँ जयदीप का चेहरा था जो आँसुओं में भीगा हुआ था। शायद आँसू न भी हों क्योंकि बारिश लगातार हो रही थी और अब बारिश के साथ बिजली भी कड़कने लगी थी।

चन्द्रमा ने बिजली के एक बार कड़कने में जयदीप का चेहरा खिड़की पर देखा था जो रो रहा था और भीतर देख रहा था। चन्द्रमा को अपनी ओर देखते हुए निमिष भर में जयदीप ने उसकी आँखें पढ़ीं और आकर ओसारे में उसके पास बैठ गया। चन्द्रमा खाट पर बैठी थी और जयदीप उसके पाँवों के पास उसके पाँव पकड़कर बैठा था। जयदीप की आँखों से लगातार आँसू बह रहे थे और वह जैसे किसी ऐसे अपराध के बोझ तले जलता जा रहा था जो वो करना तो नहीं चाहता था लेकिन जिसे रोकने के लिए भी उसने कुछ नहीं किया था। चन्द्रमा से आँखें मिलाने में उसे डर लग रहा था लेकिन अचानक वह किसी नींद से जागा जब उसने चन्द्रमा की हथेली अपने गालों पर महसूस की। उसने चेहरा उठाया तो देखा चन्द्रमा की आँखों से भी लगातार आँसू गिर रहे थे।

चन्द्रमा ने उसके आँसू पोंछे और जब उसने बोलना शुरू किया तो उसे अपनी ही आवाज किसी और की आवाज लगी। होश सँभालने के बाद इतनी देर तक कभी वह नहीं बोली थी और आज जयदीप की आँखें और

उसके कान उसके लिए सबसे अच्छे साथी बने बैठे थे। जयदीप को समय ने उसके यहाँ अचानक और विचित्र तरीके से आने का उद्देश्य अच्छी तरह समझा दिया था। चन्द्रमा ने उसे अपने घर, जीवन और अतीत के सभी चित्र दिखाने के साथ अपने छोटे भाई के बारे में भी बताया जो उसका दुनिया में सबसे प्रिय था। उसका हँसता-खेलता भाई अचानक एक सुबह उठकर कहीं चला गया था और तीन दिनों तक वापस नहीं आया था। उसे तीन दिन बाद खोजते-खोजते पास के कस्बे में पाया गया था लेकिन वापस आने पर वह कोई और ही लगने लगा था। चन्द्रमा के पास वह भूलकर भी नहीं बैठता था और माँ पिता के किसी सवाल का जवाब नहीं देता था। दिन भर जंगल में या बरम बाबा के मन्दिर पर गुमसुम बैठा रहता था। उसे क्या हुआ है, ये जानने की पूरी कोशिश के बाद भी न चन्द्रमा कामयाब हो पाई थी न उसकी माँ और ऐसे ही एक दिन बरम बाबा के मन्दिर से शाम को लौटते हुए उसे सर्प ने डस लिया था और उसकी मृत्यु हो गई थी। जयदीप उस रात सिर्फ सुनता रहा। वह सिर से पाँव तक सिर्फ कान हो गया था।

सुबह जागने पर कोई दूसरा ही जयदीप था। जीवन को जय करने का दीप उसके भीतर जल चुका था। वह पूरी गम्भीरता से उठा और अपने खर-खानदान में दादाओं-परदादाओं और उनके पुत्रों, सहोदरों को याद किया जिनका विवाह सोलह से अठारह होते कर दिया गया था। उसे अपने पिता का संवाद याद आया जिसमें वह समय की गति नापते हुए बताते थे कि जब इक्कीस साल की उम्र में वह बरात लेकर गए तो पूरे गाँव में हल्ला हो गया था कि लड़कवा बुढ़ाय गवा है। उसने अपनी उम्र के उन्नीस में जाने पर पहली बार गर्व किया और उसे अचानक अपने घर वाले बेहद समझदार और शुभचिन्तक प्रतीत हुए जो पिछले साल भर से उसकी शादी के लिए घेरेबन्दी कर रहे हैं। कितना सही कहते हैं वे, उसने सोचा। सही समय पर शादी करने से बाद में सब सही रहता है, उसकी माँ अक्सर कहती। माँ बहुत सही कहती है लेकिन अब तक वह शादी से इसलिए भागता रहा क्योंकि उसे लगता था कि वो इसके लिए अभी छोटा है। कोई ऐसा चेहरा तो हो जो उम्र के पक जाने को महसूस कराए। कोई भी उम्र ये कहाँ लगने देती है कि मन अब इस नई जिम्मेदारी के लिए तैयार हो चुका है। संसार के युद्धक्षेत्र में अगर स्वयं को अचानक न फेंक दिया जाए तो क्या अपने आप अन्दर से आवाज आएगी

कि मैं अब पिता या माँ बनने के लिए तैयार हो चुका हूँ, मैं विवाह करने को मानसिक रूप से तैयार हो चुका हूँ, मैं अब मरने के लिए पूरी तरह तैयार हो चुका हूँ। हर कद्‌म पर कोई होता है जो उम्र की आहट को महसूस कराता है। जवानी में यह किसी आकर्षक चेहरे के रूप में आता है तो ढलती उम्र में किसी दोस्त की मौत में। पहली बार जयदीप के दिल में कुछ ऐसा अंकुरित हुआ था जिसने उसे यह महसूस कराया था कि अब जीवन में जानने को कोई बहुत बड़ी बात नहीं बची। ये नींद कुछ अलग महसूस कर सोने की नींद थी जिससे उठने के बाद दुनिया को देखने की नजर बदल चुकी होती है। प्रकृति कल से ज्यादा खूबसूरत लगती है और पूरी दुनिया को उसके पुराने नए गुनाहों के लिए माफ कर देने का मन होता है।

नजरें दौलत की भी बदली थीं लेकिन जयदीप की नजरों में प्रेम तत्त्व कहे जाने वाले रस का रंग था तो दौलत अपने पति को समझने के लिए खुद को उसके साथ खाईं में गिराने को तैयार थी। उसने नजर भर जयदीप को देखा और काफी देर तक देखती रही। उसी देखने में उसने ये भी देखा कि जयदीप खाना बनाने और घर के काम करने में चन्द्रमा की मदद इस तरह कर रहा है कि उसके सारे भारी और बोझ वाले काम वो आगे बढ़कर खुद कर रहा है। उसके न्यून अनुभवों भरे जीवन में ये एक दुर्लभ दृश्य था और यह दृश्य गाँव भर के मानकों पर मापा जाता तो घर के कामों में एक औरत की मदद एक मर्द द्वारा किया जाना अब भी ऐसी स्वप्निल लोककथा की बात थी जिसके बारे में किसी औरत ने किसी दूसरी औरत से सुना होता था, उसने किसी तीसरी औरत से लेकिन देखा किसी ने नहीं था।

दौलत अपनी आँखों में केशव से कुछ मैले रंग उधार माँग लाई थी और उसका स्वार्थ यही था कि आखिर वह महसूस कर देखे कि उसका पति चाहता क्या है। उसके जवाबों पर उसकी प्रतिक्रियाएँ एक जैसी होती जा रही थीं जिनके बाद वह चुप हो जाता था और दौलत के बहुत पूछने पर भी कुछ बोलता नहीं था। दौलत अब अपने जवाबों में दूसरे विकल्पों को आजमाना चाहती थी कि उसका पति कुछ बोले। उसकी अँधेरी गहराइयों में क्या छिपा है, वो खुलकर दिखा पाए। शायद वो खुल के कह पाए जो बात वह अपनी पत्नी से बिस्तर पर कहना चाहता है लेकिन किसी झिझक से खुलकर नहीं कह पाता। अगली शाम होते-होते तक दौलत ने कुछ इस तरह से जयदीप

के सामने खुद को प्रस्तुत किया था कि जयदीप की आँखें उसे देखते-देखते दौलतमय हो गई थीं। नशे से भरी उन आँखों के साथ जयदीप के युवा मन ने कुछ देर के लिए कुछ बातें सोची थीं। उसे लगा बस अड्डे पर जो बातें वह अपने दोस्त से कह रहा था, वह यूँ ही नहीं थीं। अपने से बड़ी उम्र की औरतों के साथ अनुभव के जो तथ्य उसने बताए थे वे भले झूठ हों, उसकी भावनाओं को उसने गलत नहीं पहचाना था। उसका आकर्षण कोई लड़की नहीं हो सकती। और लड़की में क्या आकर्षण होता है? जैसा अनजाना, मासूम और अनाड़ी वो है, उसकी उम्र की लड़की की भी तो उस जैसी ही होगी। जीवन के अनुभव से पकी एक औरत, जिसे पता है सुख लेना कैसे है, सुख देना कैसे है, उसके नशे का मुकाबला भला कोई भी लड़की कैसे कर सकती है? हालाँकि ये खयाल जयदीप के मन में बदबूदार हवा के झोंके की तरह आए लेकिन इस झोंके ने उसके प्यार का दिया बुझने नहीं दिया। उसने मन में चन्द्रमा का चेहरा सामने किया और उसे देखते ही उसके मन का अदृश्य मैल जहाँ भी था, धुल गया।

शाम होने पर गाँव का एक लड़का भागता हुआ आया और केशव को बताया कि मानिक बीमार है और बेहोश हो गया है। वह उसके एक-दो पुराने दोस्तों के पास सहायता के लिए गया था लेकिन कोई खाली नहीं है। केशव बिजली की तरह घर से निकल गया और दौलत को हिदायत देता गया कि अगर उसे देर हो जाए तो वे लोग रात्रि-भोजन करके आराम करें। उसने जाते हुए पलटकर खास हिदायत जयदीप की ओर इशारा करके दी कि दौलत उसे पेट भर खिलाए। वो बच्चा है और उसे खुद माँग कर खाने में संकोच होता है। दौलत ने आँखों से आत्मविश्वास भरा इशारा किया कि वो जाए और घर की बिलकुल चिन्ता न करे। वो जो चाहता है, उसकी प्रियतमा वही करेगी। भले वो ये बात बोलने के लिए उचित उपयुक्त शब्द न खोज पा रहा हो, उसकी साथी उसकी अनकही बात न समझे तो वो साथी कैसी। दौलत ने सबके खाना खाने के बाद चन्द्रमा को भीतर के कमरे में सोने जाने को कहा। उसके जाने के बाद जयदीप ने दौलत से कहा कि वो उससे अकेले में कुछ बात करना चाहता है। दौलत को अपने भीतर कुछ नशीली अँगड़ाइयों जैसा महसूस हुआ और साथ ही उसे ये भी लगा कि वह अपने कदम दुख के किसी ऐसे सागर की ओर बढ़ा रही है जिससे वापस आने का रास्ता सिर्फ मृत्यु ही होगी। उससे

इस समय अगर उसकी आखिरी इच्छा पूछी जाती तो वह निस्संकोच कहती कि अपने पति अपने प्रियतम के लिए वह कोई आखिरी पाप करना चाहती है और उसके बाद मर जाना चाहती है।

भीतर के कमरे में जाने पर दौलत ने भीतर के किवाड़ लगा दिए और खाट पर लेट गई। सीने से पल्लू को उठाकर उसने अपने पैरों पर रख लिया। जयदीप यह देखकर पहली बार किंकर्तव्यविमूढ़ शब्द का अर्थ इस स्पष्टता के साथ समझ पाया था। वह खाट के पास पड़ी किसी ऊँची चीज पर बैठने वाला था और बीच हवा में रुक गया था। वह न उठ पाया था न ही बैठ पाया था। वह उसी पोज में देख रहा था जहाँ उसके उन्नीस साला जीवन का सबसे विहंगम दृश्य उपस्थित होना चाहता था। दौलत की साड़ी कमर में बँधी थी और बाकी का हिस्सा कमर के नीचे। ऊपर के हिस्से में जो देह से बाहरी चीजें थीं उन्हें ब्लाउज, कुंडल, नथनी, सिन्दूर और बिन्दी वगैरह नामों से जाना जाता था। जयदीप ने इस दृश्य को बाहरी चीजों से अलग देखा। उसकी आँखें भारी होने लगीं। उसे अपने कुछ दोस्त और स्त्री देह से नजदीकी के उनके दावे याद आए। सबने झूठ बोला है, वो समझ चुका था। किसी ने कुछ नहीं देखा। अगर देखा होता तो उसे जीवन की सबसे बड़ी याद, सबसे विराट अनुभव की तरह बताते। सारे दोस्त झूठ बोलते हैं, इसका मतलब उन्होंने अपने-अपने प्रेम की जो कहानियाँ सुनाई हैं वे भी झूठी हैं। प्रेम याद आते ही उसके मन में चन्द्रमा का चेहरा आया जो इस समय दूसरे कमरे में अपनी गुदड़ी पर सोई उसे ही याद कर रही होगी। दौलत ने जयदीप का हाथ पकड़ा और अपने पेट पर रख दिया। जयदीप बैठा या पास रखी उस ऊँची वस्तु पर धम्म से गिरा, ये दौलत को समझ नहीं आया क्योंकि वो उसकी आँखों में देख रही थी।

जयदीप ने क्षण भर के लिए अपनी आँखें बन्द की और एक लम्बी साँस ली। इसके बाद उसने दौलत के पल्लू को उसके पैरों से उठाकर उसके सीने पर रखा और फिर खड़ा होकर एक हाथ पीछे सरक गया। उसने अपने दोनों हाथ जोड़ लिये, उसके होंठ थरथराने लगे और आँखें भर आईं। दौलत एक पल के लिए गद्दे पर गद्दे की ही तरह बेजान लेटी रही फिर उठकर अपनी साड़ी ठीक करने लगी। जयदीप आकर उसके पाँवों के पास बैठा और उसने अपनी जबान से चन्द्रमा का नाम लिया तो दौलत को महसूस हुआ वह किसी कुएँ में तेजी से गिरती जा रही है।

केशव जब मानिक की झोंपड़ी पहुँचा तो वह गाँव की किसी सहृदय भौजाई का बनाया काढ़ा पीकर सो चुका था और उसका ताप कुछ उतर रहा था। गाँव की वह औरत मानिक के माथे पर चाँपाकल से लाए शीतल जल की पट्टियाँ रखने को कहकर चली गई। केशव जगह-जगह अपने दोस्त की सूख चुकी उल्टी को साफ करने लगा। जब वह उसके माथे पर पट्टी रखने लगा तो उसे मानिक के बड़बड़ाने की हल्की-हल्की आवाज सुनाई दी। वह कुछ साँप-साँप जैसा बुदबुदा रहा था और थरथरा रहा था। केशव ने सोचा वह साँप नहीं काँप कह रहा होगा। उसने उसका हाथ पकड़कर गरमाहट दी कि सब ठीक हो जाएगा। उसका दोस्त उसके साथ है, वह अकेला नहीं है। मानिक ने भोर में थोड़ा बेहतर महसूस करने पर बताया कि जिस पदार्थ का उसने चिलम में सेवन किया है वो नई गुणवत्ता का था और उसने अनजाने में थोड़ा ज्यादा ले लिया था। उसने बताया कि आज उसका एक और पुराना दोस्त उससे मिलने आने वाला है जो बहुत बड़ा नशेड़ी है और उसके पास हिमालय के एक बाबा से प्राप्त किया ऐसा पदार्थ है जो एकदम जहर है। बाबा ने उसे हिदायत दी है कि छोटे-मोटे नशेड़ी इसका सेवन न करें अन्यथा पछताना पड़ेगा। केशव मुस्कराया और उसने दोस्त को कुछ दिनों तक हर तरह के नशे से दूर रहने और स्वास्थ्यवर्धक पदार्थों का सेवन करने की सलाह दी। मानिक का ताप उतर जाने के बाद भोर की पहली हवा के साथ वह अपने घर वापस आया और चोरों की तरह घर में दाखिल हुआ। उसने ओसारे में जयदीप की खाट के पास जाकर उसका चेहरा देखा। उस पर एक मुस्कान और अपूर्व शान्ति थी। वह खुश हुआ, उसे लगा कल रात नियति ने उसे अपने घर, अपनी पत्नी से दूर रखा जिसका पूरा फायदा उसकी पत्नी ने उठाया ही होगा। उसने पास जाकर दौलत का चेहरा देखा। उसे दौलत के चेहरे पर पहली बार एक अनोखी शान्ति और एक भरा-पूरा सुख दिखाई दिया जो उसने कभी नहीं देखा था। उसे हैरानी और जलन दोनों एक साथ हुई। वह थोड़ा नीचे झुका और उसी समय नींद में किसी सपने के मैदान में विचर रही दौलत के होंठों पर एक मुस्कान आई। केशव दहल गया और चुपचाप अपनी खाट पर जाकर बाढ़ में बहती जा रही किसी लाश की तरह निश्चेष्ट लेट गया।

अगला दिन ऐसा उगा कि उसे दिन कहे जाने में संकोच होता था और रात अभी दूर थी। दोपहर तक सूरज नहीं दिखा और एक सीलापन माहौल

में इस तरह रचा-बसा था कि संसार सुस्त और उदास जान पड़ता था। कोई अपने घर से नहीं निकला था, इस शिथिल मौसम में हर कोई अपनी जगह पड़ा आसमान को देख रहा था और अपने बपचन की यादों में खोया था। ये ऐसा मौसम था जिसमें कोई काम जरूरी नहीं जान पड़ता और अक्सर अपनी मृत्यु का खयाल आता रहता है। जिनके भीतर ऐसे खयाल आ रहे थे वे सोच रहे थे कि अपनों के बीच अपने घर में मरना सबसे बेहतर होता है। गाँव की पगडंडियाँ सूनी थीं और बस अड्डे से आखिरी बस को निकले कई दिन हो चुके थे। जो इक्के-दुक्के लोग बाहर दिख रहे थे वे भी कहीं जा नहीं रहे थे बल्कि अपने-अपने घरों की ओर वापस आ रहे थे। ये ऐसा सुहाना मौसम था जो सुहाना होते हुए थी अच्छे से अच्छे मन को बीमार कर देता है। केशव को इस मौसम का पता इसीलिए शायद नहीं चला कि वो इधर बीच बाहर कम भीतर अधिक रह रहा था। सुबह कलेवा करने के बाद वह अपने दुआर की सफाई में लगा था और इसके बाद मानिक की तबीयत देखने जाने की योजना बना रहा था। उसने सुबह से ध्यान दिया था कि जयदीप के होंठों पर एक मन्द मुस्कान अपने आप चली आती थी और दौलत अपने आप में बेहद खोई-सी दिख रही थी। केशव के चेहरे पर भीतर की नफरत का रंग फैलना शुरू ही हुआ था कि कल वाला लड़का दौड़ता हुआ आया और कल वाली ही बात दोहराई। केशव दोस्त के घर की तरफ भागता हुआ निकला। काफी आगे जाकर जब केशव ने पीछे पलटकर देखा तो जयदीप, चन्द्रमा और दौलत अपनी देहरी पर इस तरह खड़े थे जैसे इससे ये इनका आखिरी नाता हो। केशव पल भर के लिए चौंका लेकिन लड़के की आवाज की लड़खड़ाहट ने उसे वापस मुड़ा दिया।

"डाक्टर आइल रहल, कहलस अब आखिरी बा।" केशव के कदम तेज चलने के बजाय भागने लगे।

मानिक की आँखें भयानक लाल थीं। पूरे कमरे में धुआँ ही धुआँ पसरा था और मानिक की आँखें आश्चर्य से फैली हुई थीं। बाहर तीन-चार आसपास के पुराने परिचित मित्र वगैरह थे जो मानिक के भगाने पर वापस जा रहे थे। दो गाँव दूर से पुराने रिश्तों का वास्ता देकर बुलाया गया डॉक्टर कुछ बुदबुदाता हुआ दूर जा रहा था। लड़का डर के मारे बाहर ही रह गया। मानिक चीख रहा था और चीखते हुए कह रहा था कि उसे बड़े नीम वाले साँप ने काट लिया है।

उसे किसी की जरूरत नहीं है और कोई अन्दर घुसा तो वह उसका सिर फोड़ देगा। केशव चुपचाप भीतर चला गया। उसने देखा ढेर सारे धुएँ के बीच घिरा मानिक एक लम्बी नवलगढ़ी चिलम से दम लगा रहा है। केशव को देखकर वह और तेजी से चिलम खींचने लगा। चिलम खींचते हुए किसी अनाड़ी की तरह मानिक ने साँस का एक टुकड़ा छोड़ दिया। चिलम से कुछ राख मानिक की जाँघों पर गिरी जिसमें आग की भी हिस्सेदारी थी। मानिक चीखा और चिलम उसके हाथ से छूट गई। केशव उसकी ये हालत देखकर घबरा गया।

केशव ने सुस्त हो चुके मानिक के हाथों से चिलम ले ली और मानिक को सहारा देकर एक ओर लिटा दिया। मानिक ने उसे भी चिलम खींचने का इशारा किया। वह इस समय कोई बाहरी नशा नहीं चाहता था क्योंकि रात से उसके भीतर का नशा चरम पर आ रहा था। मानिक की आँखें इतनी लाल थीं कि उनमें खून भरा होने का भ्रम हो रहा था। मानिक का माथा और आँखें चढ़ी हुई थीं जिससे वह कोई दूसरा ही आदमी लग रहा था। केशव ने मानिक के बार-बार इशारा करने पर दो-तीन दम लगाए और उसे महसूस हुआ चिलम में कोई अलौकिक वस्तु भरी हुई है। उसका माथा घूमने लगा और जो नशा उसकी आँखों और मन पर तारी होने लगा वो अब तक के अनुभव किए गए नशे से बिलकुल अलग था। उसके होंठों पर मुस्कराहट आने लगी और जीवन-मृत्यु जैसी बातें उसे उस क्षण बेहद बेहूदी और अनर्गल जान पड़ीं। मानिक की ओर देखकर वह हँसा और इशारे से इस तत्त्व के अलौकिक होने का संकेत किया। बदले में मानिक ने अट्टहास किया और उसे इशारे से अपने पास बुलाया। वह चढ़े माथे और आँखों को दोस्त की ओर केन्द्रित करता हुआ उसकी ओर बढ़ा। मानिक ने उसे पास खींचकर उसके कान में कहा, "साँप का जहर मिला है इसमें।" और ठठाकर हँसने लगा। इसके बाद मानिक कुछ ऐसे-ऐसे दृश्य बताने लगा जिन पर सामान्य अवस्था में केशव हँस दिया करता था।

मानिक ने बताया कि सर्प उसके घर के भीतर आ गया था और अपने विशालकाय फन को कोठरी में डालकर उसने मानव वाणी में उसकी आखिरी इच्छा के बारे में पूछा था। उसका शरीर अब इतना बड़ा हो चुका है कि पूँछ और बाकी का हिस्सा उसके घर में समा नहीं सके, सिर्फ उसका फन ही भीतर घुस पाया था। उसने कहा कि उसकी कोई इच्छा नहीं और वह हँसते

हुए दुनिया से विदा लेना चाहता है। सर्प ने मानिक के चेहरे पर अपने विष की एक फूँक मारी थी और फिर पास रखी चिलम में। इसके बाद सर्प चुपचाप अपने कोटर में जाकर घुस गया था। अभी थोड़ी देर पहले तक सर्प की पूँछ का आखिरी हिस्सा कोटर से बाहर लटका दिखाई पड़ रहा था। जो लोग उसका हालचाल पूछने आए थे वे सब उस पूँछ के हिस्से को देखकर ही भागे हैं।

केशव ने कहना चाहा कि वे पड़ोसी और उसे देखने आया डॉक्टर उसकी गालियों से क्रोधित होकर गए हैं न कि कुछ डरावनी चीज देखकर लेकिन उसके मन में सर्प की लटक रही पूँछ को देखने की इच्छा ने जन्म ले लिया था। वह वहीं से दरवाजे की तरफ थोड़ा खिसका और नीम के पेड़ की ओर देखने लगा। तीसरा कोटर सीधी तरफ से देखने के लिए बाहर निकलने की जरूरत थी और थोड़ी देर वहीं से झाँकने के बाद केशव बाहर निकलने के लिए उठने लगा। मानिक अपनी जगह पर बैठा उस सर्प के बारे में अब भी बड़बड़ा रहा था। बारिश फिर से हल्की-हल्की गिरने लगी थी और यह बारिश सुबह से मातम जैसे बने मौसम का जवाब लग रही थी।

केशव नीम के पेड़ के सामने खड़ा था। बीच वाला विशाल कोटर उसी तरह था और वहाँ किसी सर्प का कोई निशान नहीं था। केशव का दिमाग घूम रहा था। जो धुआँ उसके फेफड़ों में घुसा था वह अब भी उसे डगमगा रहा था और उसकी दृष्टि बार-बार दूर से पास और पास से दूर जा रही थी। नजरों की इस यात्रा में उसने गाँव की सड़क पर दूर दो आकृतियाँ देखीं जिनमें एक पुरुष की और एक किसी लड़की की थीं। बरसती बूँदों के बीच उसने आँखों को ध्यान से केन्द्रित करना चाहा तो लड़की की चाल उसे जानी-पहचानी लगी। चाल को पहचानते ही उसके दिमाग में कौंधा कि उसके साथ चल रहा पुरुष जयदीप है। जयदीप के कन्धे पर जो उभरा हुआ था वह उसका बैग था। इस दृश्य ने केशव के भीतर एक तेजी को जन्म दिया और वह लड़खड़ाता हुआ मानिक की झोंपड़ी की ओर भागा। उसे लगा दौलत को लेकर उसने जो खेल शुरू किया था उसे जयदीप ने अंजाम तक पहुँचा दिया है। उसकी पत्नी एक जवान लड़के के साथ घर छोड़कर भाग रही है, यह सोचते ही उसकी आँखों के सामने पहले एक बार अँधेरा छाया और फिर पूरे शरीर में एक झुरझुरी हुई। यानी जो-जो गन्दी बातें वह अपनी पत्नी के बारे में सोच रहा था सब सच थीं। उसके शरीर में क्रोध और नफरत का ऐसा ताप पैदा होने लगा जैसे बारिश

की बूँदें उसके शरीर पर नहीं किसी जलते तवे पर गिर रही हों। मानिक जमीन पर एक ओर लेट चुका था और उसके मुँह से हल्का सा फेन बाहर निकला था। उसे देखकर अचानक केशव को भयानक डर लगा। उसे लगा उसके अतिरिक्त जितने दोस्तों ने सर्प को देखने की घटनाएँ सुनाई थी सब सच थीं। मानिक उसे अपनी उलटी हुई आँखों से देख रहा था और केशव ने उसकी आँखों में कोई याचना पढ़ी लेकिन उसके भीतर कई विचारों की आँधी एक साथ चल रही थी और वह सिर्फ उन्हें देख पा रहा था। वह तेज कदमों से अपने घर की ओर भागा। बारिश उसके कदमों की गति से होड़ लगा रही थी।

रास्ते में उसे एक भी चिड़िया, मवेशी या इनसान दिखाई नहीं दिया जैसे सभी किसी अनिष्ट की आशंका से गाँव छोड़कर मिनटों में गायब हो गए हों या फिर इस गाँव में कभी कोई रहता ही न हो। केशव के कदम और तेज हो गए और वह बरसों पीछे छोड़ आई उम्र की गति में दौड़ने लगा।

बाहर ऐसा सन्नाटा था जो केशव ने इस घर में कभी महसूस नहीं किया था। जयदीप का सामान कहीं नहीं था और न ही घर में चन्द्रमा का कोई निशान बचा था। उसने जैसे ही भीतर कदम रखे उसका कलेजा उसके मुँह से बाहर निकल आया जिसे बड़ी मुश्किल से उसने सीने पर हाथ दबाकर वापस भीतर डालने की कोशिश की। ओसारे में एक विशालकाय पूँछ थी जिसका अगला सिरा उसके कमरे में जा रहा था। वह डर के मारे दो कदम पीछे हट गया। उसकी साँसें तेज चलने लगी थीं और हृदय की गति को खासी दूरी से भी नापा जा सकता था। उसने अपने सिर को तेज का झटका दिया और अपने दोनों गालों पर दो थप्पड़ मारे। जो वो देख रहा था वह उसके किसी दोस्त की सुनाई कहानी नहीं थी और न ही उसका बनाया कोई दृश्य। जो था उसके सामने था और इस स्थिति में क्या किया जाता है, क्या करना चाहिए, इसके बारे में आज तक उसने कहीं कभी न किसी दोस्त से सुना न किसी धार्मिक किताब में पढ़ा था। भूत के डर से सामना होने पर हनुमान चालीसा पढ़ने का रिवाज था लेकिन अजगर घर के भीतर घुस जाने पर अगले कदम के बारे में सम्पूर्ण वाङ्मय मौन था और जीवन के सभी अनुभव अपूर्ण थे। आखिरकार केशव ने अपने सामान्य मानव मन से फैसला लिया और पूँछ के बगल से जो थोड़ी जगह थी वहाँ से अपने कमरे की ओर बढ़ा। पहले तो उसने दोनों आँखें भींच रखी थीं और जरूरत के लिए हल्की आँखें खोलकर सिर्फ उनकी झिरी

से काम चला रहा था। लेकिन जैसे ही उसने कमरे में कदम रखा, उसकी दोनों आँखें खुलकर पहले से बड़े आकार में आ गईं। ऐसा दृश्य उसकी आँखों ने पहली बार देखा था जहाँ आशंकाएँ और सत्य एकाकार हो रहे थे। बचपने में बताई गई उसकी कहानियाँ एक भयानक रूप धरे उसके सामने थीं और वह इसके सत्य और असत्य होने से दूर सिर्फ एक गहरे भय में और गहरे डूबता जा रहा था। दौलत की पूरी देह अजगर के मुँह में थी और सिर्फ उसका धड़ बाहर था। अजगर उसे धीरे-धीरे निगल रहा था और वह अपनी सूनी आँखों से केशव की ओर देख रही थी। केशव काँप रहा था और अजगर ने धीरे-धीरे केशव के सामने ही दौलत को लगभग पूरा निगल लिया, अब सिर्फ उसका सिर बाहर था। दौलत की आँखें लगातार केशव पर टिकी हुई थीं जिससे केशव बुरी तरह भयभीत था और खुद को असहाय महसूस कर रहा था। अचानक दौलत जोर से हँसी। केशव को लग रहा था कि इस विशालकाय सर्प के डर से बड़ा डर अब उसके जीवन में नहीं आ सकता और तुरन्त ही यह बात झूठ हो गई थी। दौलत के चेहरे पर जो हँसी उसने देखी थी वो इतनी डरावनी थी कि डर से उसके नथुने बहुत चौड़े हो गए और उनमें से रक्त की धार गिरने लगी। उसकी हँसी में दुनिया भर की हिकारत और नफरत शामिल थी। इसके अलावा कई भाव ऐसे भी थे जिन्हें समझने के लिए केशव को औरत के रूप में जन्म लेने की जरूरत थी। उसने देखा दौलत के चेहरे पर हँसी बढ़ती जा रही थी और उसका हँसता चेहरा धीरे-धीरे अजगर के खुले मुख में समाता जा रहा था। वह आगे देख नहीं सका और तेज कदमों से बाहर की ओर भागा।

वह जैसे ही बाहर पहुँचा, जोर की बिजली कड़की। आसपास को पल भर के लिए दिन की रोशनी हो गई और एक तेज की गड़गड़ाहट हुई। केशव ने पलटकर देखा तो बिजली उसके ही घर पर गिरी थी। उसका घर जलने लगा था और वह असहाय खड़ा इसे जलता हुआ देख रहा था। वह घनघोर बारिश में खड़ा काँपता रहा।

उसे इस बात की हैरानी थी कि लगातार तेज बारिश में भी आखिर आग बुझने की बजाय बढ़ती क्यों जा रही है।

# छूटना

बचपन की मेरी सबसे डरावनी स्मृति रेलगाड़ी से जुड़ी है।

अलग-अलग स्टेशनों पर गाड़ी दो मिनट के लिये रुकती थी और पापा खाली बोतल लेकर पानी भरने उतर जाते। भीड़ भरे सार्वजनिक नल के इर्द-गिर्द प्यासे चेहरों का जमघट अपनी-अपनी बोतलें लिए धक्का-मुक्की करता। मैं और माँ खिड़की से पापा को उस भीड़ में घुसते देखते। माँ अक्सर रेल की सीटी पर घबरा जातीं। वह आवाज लगाने लगतीं। कभी पापा गाड़ी चल पड़ने पर डिब्बे की ओर तेज कदमों से आते या दौड़ते दिखाई देते। गाड़ी पूरी स्पीड में आ जाती लेकिन माँ बार-बार दरवाजे की तरफ देखती कि तभी पापा भीड़ को चीरते हुए अपनी सीट की तरफ आते दिखते। कभी-कभी ये भी होता कि अगला स्टेशन आने तक माँ की जान पत्ते पर होती और मैं माँ को घबराया देखकर उनसे अधिक घबराया और सहमा रहता। पापा अगले स्टेशन पर किसी दूसरे डिब्बे से उतरकर अपने डिब्बे में मुस्कराते हुए चढ़ते और उनके हाथ में पानी की भरी बोतल होती। उस क्षण माँ की आँखों में एक आश्वस्ति और सुकून होता। पापा की आँखों में इत्मीनान और खूब सारा आत्मविश्वास होता। उसमें हम दोनों के लिए खूब सारा प्रेम भी होता जो माँ की बरसती आँखों में छिपे स्नेह का भरपूर जवाब होता। 'आप मत जाया करिए पानी भरने,' माँ उनसे अपनी जगह पर बैठते ही धीमी आवाज में शिकायत दर्ज करती। पापा मुस्करा उठते और मुझे कई बार महसूस होता कि वह अपने प्रति माँ की फिक्र देखने के लिए ही अपने डिब्बे में न चढ़कर किसी दूसरे डिब्बे में चढ़ जाते हैं।

गाँव जाने के सबके अलग-अलग आकर्षण थे। पापा के लिए उनके माँ-बाप और अपना बचपन का घर था तो माँ के लिए कुछ दिनों तक रूटीन बदलने की सुविधा थी, छोटे भाई के लिए स्कूल से दूर आजादी के दिन और

दादी की कहानियाँ थीं। मेरे लिए ये सब गौण बातें थीं। मेरे लिए गाँव का अर्थ था चाचा और चाचा का अर्थ था जिन्दगी को समझने का झरोखा।

मैं शायद तीसरी या चौथी कक्षा में था जब मैंने कोर्स के अलावा कोई दूसरी किताब पढ़ी थी और उसी समय चाचा के ज्ञान की जरूरत पहली बार पड़ी थी। एक पतली-सी गन्दे पन्नों पर छपी उस किताब का नाम था 'अकबर बीरबल विनोद' और उसके मुखपृष्ठ पर जो कवर था उसमें एक ऐसी तसवीर थी जिसे उलटा और सीधा देखने पर दोनों तरफ दो आदमियों का चेहरा दिखाई पड़ता था। पूरी किताब में अकबर नाम के एक बादशाह और उसके मुँहचढ़े सलाहकार बीरबल के बीच की नोक-झोंक और चुनौतियाँ थीं। मैंने कई बार पूरी किताब को शुरू से अन्त तक फर्राटे से भी और रुक-रुक कर धीरे-धीरे भी पढ़ा पर उसमें विनोद का कहीं कोई जिक्र नहीं था। मैंने पापा से इस बारे में पूछा तो उन्होंने मुझे डाँट दिया और माँ को भी ऐसी घटिया किताबें घर में रखने के लिए खरी-खोटी सुनाई। माँ ने भी पूछने पर सिर्फ इतना ही कहा कि मैं उन्हें डँटवाने वाले काम करता रहता हूँ। आखिरकार मैंने सोचा की इस बार गर्मी की छुट्टियों में गाँव जाऊँगा तो चाचा से पूछूँगा जिनसे मैं कभी भी कुछ भी पूछ सकता हूँ।

चाचा मुझसे आठ साल बड़े थे और पापा से हर गर्मी की छुट्टी में बहुत मार खाते थे। चाचा मार खाने के बाद मुझे बताते कि गर्मी की छुट्टी का मतलब है कि भइया को बहुत गर्मी चढ़ गई है और वह बनारस से बेल्थरा रोड का सफर मुझे पीटकर अपनी गर्मी निकालने के लिए ही करते हैं।

हमारे आम के दो पेड़ सिरफलहवा और तिरहवा थे जो बहुत मीठे थे। हम लोग मुँहअँधेरे टॉर्च लेकर निकलते और अपने पेड़ों के आम बीनते। आम बीनने और खाने में चाचा का सोचना एकदम स्पष्ट था। अगर हमारे पेड़ के आम कोई उठा लेता तो वो कभी इज्जत से, कभी हाथ छोड़कर, वापस ले लेते। उनकी नजर पड़ती तो वो आधा खाया हुआ आम भी छीन लेते और सामने वाले को धमकाते हुए कहते, 'तुम्हारे पेड़ का हम नहीं खाने जाते, हमारे पेड़ पे तुम नजर मत डालो।' चाचा की वजह से कई बार ऐसा भी होता कि सबके पेड़ से टपके आम लड़के बीन ले जाते लेकिन हमारे पेड़ के नीचे चुए आम हमारा रास्ता देख रहे होते।

दिन में हम अक्सर खाना खाकर निकल जाते और घंटों तालाब में नहाते

रहते। नहाते हुए हम तालाब से निकालकर सिंघाड़े खाते। चाचा कुछ ऐसी चीजें भी तालाब से निकालकर आग में भूनकर खिलाते जिनके नाम भी मुझे पता नहीं होते। स्कूल की छुट्टियों के दो महीने चाचा के साथ आम बीनते, तालाब में नहाते और दुनिया देखते बीतते।

मैंने चाचा को अकबर बीरबल विनोद का पूरा किस्सा कह सुनाया। वह थोड़ी देर खामोश रहे फिर उठकर टहलने लगे। उनके चेहरे पर गम्भीरता के भाव विराजमान थे और चेहरे का असमंजस यह कह रहा था कि ऐसी गूढ़ बात मेरे जैसे अबोध बालक को बताई जाए या नहीं। उन्होंने मेरे चेहरे की ओर एक बार भरपूर नजर देखा और पूछा, 'किसी और से नहीं पूछा?' मैंने उन्हें पूरी बात बता दी थी इसलिए उसे फिर से दोहराने का फायदा नहीं था। मैंने इनकार में सिर हिलाया।

'पता नहीं तुम कितना समझ पाओगे लेकिन बताना जरूरी है।'

मैं चौकन्ना हो गया कि बात मैं जितना समझ रहा था उतनी सीधी नहीं है। मैंने देखा कि दरवाजा भिड़का हुआ था और आसपास कोई नहीं था। मैंने दीवारों के कानों के बारे में सुन रखा था और इसलिए चाचा के थोड़ा और करीब आया।

'देखो, ये बातें बहुत छिपाकर रखी जाती हैं लेकिन कभी न कभी सच बाहर आ ही जाता है। अकबर बहुत ताकतवर राजा था और बीरबल उसका मुँहलगा मंत्री। ये दोनों मिलकर एक-दूसरे की बहुत तारीफें किया करते थे और अपने बारे में बुरी बातों का प्रचार करने वालों को रातोंरात गायब कर दिया करते थे। ये हमेशा सबका फायदा उठाने की कोशिश करते रहते थे और पूरे राज्य में चोरियाँ-डकैतियाँ करवाकर अपना खजाना भरते रहते थे। अपने बारे में इन्होंने बहुत अच्छी-अच्छी बातें प्रजा में फैला रखी थीं। उनकी क्रूरताएँ हद से बढ़ गई थीं तभी एक दिन बीरबल के मन में विचार आया कि आने वाला समय तो उन्हें खलनायक के तौर पर याद करेगा, उन्हें अपनी छवि सुधारने के लिए कोशिश करनी चाहिए।'

मैं चाचा की बातें ध्यान से सुन रहा था और मुझे रोमांच आ रहा था। अब मुझे समझ में आ रहा था कि क्यों माँ और पापा ने मुझे विनोद के बारे में कुछ नहीं बताया। उन्हें यह अन्दर की बात पता ही नहीं होगी। चाचा धीमी आवाज में लगभग फुसफुसाते हुए बोल रहे थे।

'बीरबल ने यह बात अकबर को बताई और यह तय किया गया कि एक किताब लिखवाई जाए जिसमें यह बताया जाए कि अकबर और बीरबल बहुत मजाकिया किस्म के इनसान थे। बीरबल ने यह जिम्मेदारी राज्य के एक लेखक विनोद को दी और कहा कि एक साल में यह किताब तैयार हो जानी चाहिए। विनोद किताब लिखने में जुट गया और घूम-घूम कर चुटकुले जुटाकर उसमें अकबर और बीरबल को फिट करने लगा। बीच-बीच में वह अपने बारे में भी कुछ लिखता जाता। आखिरकार किताब एक दिन पूरी हो गई। वह उसे लेकर अकबर और बीरबल के पास गया। वे किताब देखकर बहुत खुश हुए और विनोद को खूब अशरफियाँ देकर विदा किया। तुमने जो किताब पढ़ी है वह उसी ग्रन्थ का हिस्सा है।'

मेरे चेहरे पर हैरत के भाव आ गए। सवाल तो जस का तस था।

'मैं समझ रहा हूँ तुम क्या सोच रहे हो। मैं बता रहा हूँ। जब अकबर ने किताब पढ़ी तो उसने पाया कि उसके और बीरबल के हिस्से से अच्छा विनोद का हिस्सा बन गया है और किताब का नायक विनोद हो गया है। उसने बीरबल से सलाह-मशविरा किया और रातोंरात विनोद को गायब करवा दिया गया और किताब से विनोद के सारे हिस्से हटा दिए गए। अब जो किताब हम पढ़ते हैं उसमें से विनोद वाला हिस्सा पूरी तरह से गायब है।' चुप होकर चाचा ने एक गिलास पानी पिया।

हमारे बीच काफी देर तक खामोशी छाई रही गोया हम विनोद के साथ हुए अन्याय का दोषी खुद को मान रहे हों। मैंने कुछ बोलने की कोशिश की तो चाचा ने मेरे कान के पास फुसफुसाकर कहा, 'हम दोषी हैं ही, हमने गायब हुए विनोद के बारे में कभी जानने की कोशिश नहीं की। चलो दो मिनट का मौन धारण करते हैं।' मैं उठकर खड़ा हो गया। हमारे स्कूल में गणित के अध्यापक के मरने पर प्रार्थना की लाइन में खड़े होकर दो मिनट का मौन धारण किया गया था। हम दो मिनट मौन रहे। ये दो मिनट कुछ ज्यादा ही लम्बे लगे।

मैं समझ गया कि चाचा अपनी उम्र से अधिक समझदार हैं। वह मेरे मित्र तो थे ही, मेरे गाइड और दुनिया को देखने की दूरबीन भी होते जा रहे थे। ऐसे ज्ञान वह हर बार गर्मी की छुट्टियों में मुझे देते और मैं वापस आकर वह ज्ञान अपने दोस्तों में बाँटता जहाँ मेरी इज्जत इसी ज्ञान की वजह से बढ़ती थी। चाचा ने मुझे बहुत सारी बातें पहली बार सिखाई थीं और जब एक साँवली

लड़की से मिलने बस की छत पर चढ़कर गए तो मुझे लेकर गए थे। उन्होंने मुझे बताया कि भविष्य में यह लड़की मेरी चाची बनेगी और उसी पल से मैंने उसे चाची के तौर पर देखना शुरू कर दिया था।

चाचा ने पढ़ाई पूरी कर ली थी और अक्सर फॉर्म भरते और यहाँ-वहाँ परीक्षाएँ देते रहते। कई सालों तक नौकरी की तलाश के बाद वो इधर-उधर के काम करने लगे थे। बाबा हर बार पापा को कहते कि वह चाचा को अपने साथ शहर ले जाएँ क्योंकि वह गाँव में रहकर आवारागर्दी करने लगे हैं और बिगड़ गए हैं। पापा हर बार चाचा को साथ ले जाने की कोशिश करते लेकिन चाचा कन्नी काटकर कहीं निकल जाते। वक्त बीतने के साथ पापा चाचा के प्रति नरम पड़ते गए थे लेकिन चाचा अब युवावस्था में थे और उनकी हरकतों से बाबा अक्सर ऐसे नाराज हो जाया करते जिनमें ज्यादा भूमिका उनकी खुद की होती थी।

जब उस दूसरी जात की लड़की से उन्होंने शादी करने के अपने मंसूबे के बारे में घर पर बताया था तब मैं छठी कक्षा में था। पूरे घर में हंगामा मचा हुआ था और पापा को फोन कर ऐसे इमरजेंसी में बुलाया गया था जैसे दादी की तबीयत खराब होने पर बुलाया जाता था। पापा और बाबा के साथ गाँव के दो-चार और बुजुर्गों ने आकस्मिक सभा की थी और चाचा सबके सामने सिर झुकाए बैठे थे। मैं एक कोने में माँ के बगल में खड़ा सहमे भाव से सब देख रहा था। सबने आपस में गुटर-गुटर बातें कीं और फिर गाँव के सबसे बुजुर्ग आदमी ने गम्भीरता से कहा, "सबसे सम्मानित और वीर जाति ठाकुर में सौभाग्य से जन्म मिलता है। इस बिरादरी में महाराणा प्रताप और राणा साँगा जैसे योद्धा पैदा होते रहे हैं। ऐसे कुल में आने वाली दुल्हन भी ऐसे ही कुल से ही होनी चाहिए। बिरादरी से बाहर शादी करने की मंजूरी तुमको नहीं दी जा सकती। उन लोगों को बिरादरी से बाहर निकाल दिया गया जिन्होंने हमारी बात नहीं मानी। गाँव के बुजुर्ग चाहते हैं कि तुम अपने बड़े भाई के साथ शहर जाकर कुछ काम-धन्धा करो और उनकी पसन्द की लड़की से शादी करो।"

ठाकुर कुल में जन्म लेने को हमारे यहाँ काफी गम्भीरता से लिया जाता था और जिन वक्तों में बात करने के लिए कोई मुद्दा नहीं हुआ करता था, ठाकुर होना और उस पर गर्व करना हमारा सबसे अच्छा टाइमपास था। कुछ पीढ़ियों पहले क्षेत्र के किसी गाँव में कुछ ठाकुरों का भूमिहारों से किसी बात

पर संघर्ष हुआ था। वो बात तो बाद की पीढ़ियाँ भूल गईं लेकिन उन्हें संघर्ष याद रहा। तो यही संघर्ष हर पीढ़ी में आवश्यक तौर पर कभी-कभी अपनी उत्तेजना का थर्मामीटर चेक करने के लिए फिर से पैदा होता था ताकि अगली पीढ़ी को याद रहे कि हम लोग उनसे श्रेष्ठ हैं। श्रेष्ठता का यही पाठ्यक्रम भूमिहारों में भी पीढ़ी दर पीढ़ी पढ़ाया जाता था। इस पीढ़ी तक आते-आते अपनी बिरादरी में किसी बड़े आदमी यानी सफल नाम का पैदा होना खुशी के साथ एक अतिरिक्त गर्व ये भी देता था कि उधर के लोगों में सब वैसे ही हैं लेकिन हमारी मूँछ ऊँचा करने वाला एक महापुरुष अवतारी हो चुका है। हमारी पीढ़ी में वह अवतारी पुरुष हमारे इलाके का विधायक रामुदय सिंह था जो अलग-अलग आयु वर्ग वाले ठाकुरों का अलग तरीके से रिश्तेदार था। वह लड़कों के चाचा का क्लासमेट रह चुका था, लड़कियों की चाची के भतीजे का चचेरा भाई था और बुजुर्गों के पुराने दोस्त का बेटा था। हर तरफ जहाँ गर्व करने की होड़ थी वहीं चाचा को ये गर्व और श्रेष्ठता वाला भाव कभी मोहता नहीं था और वे इन सब बातों से चिढ़ जाया करते।

चाचा चुपचाप बैठे रहे थे और कभी उस आदमी की तरफ और कभी मेरी तरफ देखते रहे थे। सभी उनके जवाब का इन्तजार कर रहे थे और वह उठकर सीधा आँगन में ही लगे हैंडपम्प पर गए और पानी चलाकर नहाने लगे। वह लोटा-लोटा पानी अपनी देह पर डाल रहे थे और सामने बैठे लोग इन्तजार कर रहे थे कि वह कब कुछ कहेंगे। नहाने के बाद वह आराम से अपने कमरे में गए और जब पाँच मिनट बाद लौटे तो उनके शरीर पर नए कपड़े थे। वह कंघी से बाल झाड़ रहे थे और कुछ गुनगुना रहे थे।

"तुमने जवाब नहीं दिया। क्या तुम्हें हमारा फैसला मंजूर है?" पापा ने बाबा की ओर देखते हुए कहा था।

उन्होंने मेरी ओर देखते हुए कहा, "अन्नू चलो तुमको घुमा लाएँ।" मैं उनके पीछे चुपचाप चल दिया। वे पलटे और बाबा की ओर देखते हुए बोले, "बिरादरी से बाहर रहना हमको मंजूर है।" फिर वह उस बूढ़े आदमी की ओर देखकर बोले जिसने उन्हें बिरादरी से बाहर किए जाने का फरमान सुनाया था, "आपकी दवाई सीयर से लेते आएँगे, तबीयत का खयाल रखिएगा।"

मुझे बाद में पता चला था कि उनके जाने के बाद वह बुजुर्ग रो पड़े थे और उन्होंने कहा कि ओमप्रकाश बहुत अच्छा लड़का है और सबका बहुत

खयाल रखता है। बस ईश्वर उसे सद्बुद्धि दे देते तो वह एक आदर्श बेटा बन सकता था। आदर्श बेटे की परिभाषा के लिए पापा की ओर देखा जाता था और बतौर उदाहरण पेश किया जाता था। पापा मूँछ रखते थे, अपनी बिरादरी में शादी की थी और मजबूरीवश नौकरी करने के बावजूद अपने अफसर को एक बार पीटकर सस्पेंड होने से चर्चा में आ चुके थे।

चाचा गाँव से लेकर स्टेशन तक एक मेटाडोर चलवा रहे थे और पहले कभी-कभी सवारी मिलने वाले इस धन्धे में बाद में खूब फायदा होने लगा था। नौकरी और धन्धे वाले लोग अपने गाँवों से रोज निकलकर शहर की ओर भागते थे और चाचा की गाड़ी उन्हें स्टेशन तक छोड़ने जाती थी। कुछ की स्टेशन पर दुकानें थीं जो उन्हें सुबह-सुबह खोलनी होती थीं तो कुछ सुबह की ट्रेन पकड़कर दस बजे तक बनारस पहुँच जाते थे जहाँ उनके ऑफिस, दुकानें या कम्पनियाँ वगैरह थीं। पहले यात्री के रूप में प्रोफेसर साहब होते जो हफ्ते में दो-तीन दिन बनारस जाते। चाचा बताते थे कि उन्होंने सात-आठ किताबें लिख रखी हैं। वो चाचा से और मुझसे खूब बातें करते और हमारे भविष्य की योजनाओं को लेकर उत्साहित दिखाई देते। अक्सर वो चाचा को धीमी आवाज में बताते कि अगर उनकी पढ़ाई पूरी नहीं हो पाई, अगर इतने फॉर्म भर के भी नौकरी नहीं मिली तो इसमें सरकार की गलती है। चाचा कहते कि नौकरी नहीं होगी तो इसमें सरकार बेचारी क्या करेगी, हमारी ही किस्मत खराब है। सरकारी नौकरी सबके भाग्य में थोड़े होती है। प्रोफेसर साहब चाचा को पढ़ने के लिए किताबें भी देते जिसे चाचा गाड़ी की डैशबोर्ड में रख देते और कभी नहीं निकालते। जब वो प्रोफेसर साहब की बातों से ज्यादा पक जाते तब मुस्कराते हुए गाने लगते, "तुम अगर मुझको न चाहो तो कोई बात नहीं, तुम किसी गैर को चाहोगी तो मुश्किल होगी।" मुझे प्रोफेसर साहब अच्छे इसीलिए लगते कि वो कभी बुरा नहीं मानते। चाचा के गाना गाने पर वो हँसते और चाचा की ओर देखते हुए कहते, "हमेशा ऐसे ही सरल बने रहना। कुटिल लोग न ढंग से जी पाते हैं न मर पाते हैं।"

मैं चुपचाप चाचा की बगल में बैठा इधर-उधर देखता रहता। कभी यात्रियों के चेहरे पर ट्रेन का इन्तजार देखता तो कभी चाचा के चेहरे पर चाची को देखने की ललक। ड्राइवर की सीट के बगल में बैठने और चाची जैसी सुन्दर लड़की को देखने का रोमांच मुझे भोर में पाँच बजे उठा देता। अकसर

सड़क पर सामने की ओर देखकर चाचा की ओर देखने पर लगता था जैसे मैं ही गाड़ी चला रहा हूँ।

मेरी होने वाली चाची, जिनसे परिचय होने के बाद उनका नाम पता चला, मऊ स्टेशन तक जाती थीं। अरुणिमा चाची का वहाँ कॉलेज था जहाँ से वे ग्रेज्युएट हो रही थीं और कस्बे की जरूरत के खिलाफ रोज नियम से जाकर क्लासेज अटेंड किया करती थीं। लड़कियों को कॉलेज आने की जरूरत नहीं होती थी। जरूरत तो लड़कों को भी नहीं थी लेकिन उनकी जिन्दगी में घर के काम और परिवार की देखभाल नहीं था इसलिए वे अपना वक्त काटने और वर्तमान राजनीति व अपराध के अन्तर्सम्बन्धों पर चर्चा करने के लिए कॉलेज आ जाया करते थे। एक दूसरा आकर्षण वे चुनिन्दा लड़कियाँ हुआ करती थीं जो जानती थीं कि वे बिना कॉलेज आए भी इम्तिहान में बैठ के उतना ही लिख पाएँगी फिर भी आँखों में उस कस्बे से बड़े आकार के सपने लिये रोज ही कॉलेज चली आती थीं।

स्टेशन पर सबको उतारने के बाद चाचा अरुणिमा चाची के साथ स्टेशन के सामने पुरवे वाली चाय पीते थे। वही समय उनके चौबीस घंटे का हासिल था जिसमें वे अगल-बगल के किसी आदमी पर ध्यान देने और उसकी नजरों की परवाह करने का कुफ्र नहीं कर सकते थे। मैं उनके अगल-बगल टहलता रहता। पास में चाय पी रहे इक्का-दुक्का लोग उन दोनों की तरफ देख के मन में चालू फिल्में बनाते रहते और मैं उनको इस नजर के लिए गुस्से से घूरता रहता। ट्रेन की सीटी की आवाज सुनते ही चाचा और चाची प्लेटफॉर्म की तरफ भागते। ट्रेन में जिस डिब्बे में चाची की सहेलियाँ और कॉलेज की और लड़कियाँ होतीं, चाची उसमें सवार हो जातीं। चाची को बिठाकर चाचा उनकी पानी की बोतल लेते और डिब्बे के बाहर खड़े उनसे इधर-उधर की बातें करते रहते। जैसे ही ट्रेन सीटी देती, वे दौड़ते हुए नल की तरफ जाते। नल से पानी भरकर लाने में ट्रेन चल चुकी होती थी और वो ट्रेन के साथ दौड़ने लगते। चाची उनसे पानी की बोतल लेतीं और दोनों एक-दूसरे की तरफ ऐसी नजरों से देखते हुए दूर होते कि ट्रेन पीछे पलटकर देखती तो उसे जरूर अफसोस होता।

चाचा हाँफते हुए मेरी तरफ आते। उसी नल पर जाकर मुँह धोते और अपने आप में मुस्कराते रहते। स्टेशन पर तीन-तीन की संख्या में चार जगह नल लगे थे यानी कुल मिलाकर बारह नल थे। कुछ पर 'शीतल जल' लिखा

होता तो कुछ पर 'स्वच्छ जल'। मैं अकसर पीने से पहले सोचने लगता कि मुझे शीतल जल पीना चाहिए या फिर स्वच्छ जल। बिना किसी मेहनत या खर्च के स्टेशन पर पीने के लिए पानी तो मौजूद था ही, उसमें भरमाने वाले ही सही, विकल्प भी थे। स्टेशन पर बन्दरों की भरमार रहती और अक्सर यात्रियों में हँसी और हड़कम्प एक साथ मचा करते जब वे पानी भरने नल पर आते और गर्मी से परेशान कोई बन्दर नल चलाकर उसके नीचे अपनी गरम खोपड़ी धो रहा होता।

हमारे क्षेत्र में रामुदय सिंह का उदय उन नलों के सूखने से काफी पहले की घटना है। कॉलेज में क्लास करने की नियत से पहुँचे लड़कों को रामुदय सिंह के बारे में बात करने की इतनी ललक थी कि उनकी क्लासेज छूट जाया करतीं। वे इस बात का लोड भी न लेते क्योंकि क्षेत्र के सबसे शक्तिशाली आदमी के रूप में उभर रहे रामुदय सिंह ने भी दसवीं के बाद पढ़ाई में दिलचस्पी दिखाने की बजाय जीवन ये साबित करने में लगाना ज्यादा बेहतर समझा था कि ज्यादा पढ़ाई करने से आगे बढ़ने की सम्भावनाएँ क्षीण होती जाती हैं।

रामुदय सिंह ने बदमाशी से सफेदपोशी तक धीरे-धीरे राजनीति का सफर तय किया था। सबसे पहले उन्होंने अपने और आसपास के इलाकों से रंगदारी लेने से शुरुआत की। इसी दौरान एक दबंग व्यापारी ने उनका विरोध किया और उनके खिलाफ स्थानीय व्यापारियों को लामबन्द करने लगा। एक दिन सरे बाजार रामुदय से उसका सामना हो गया और रामुदय ने झगड़ा बढ़ने के बाद पास रखा रॉड उठाकर व्यापारी के सिर पर ऐसे मारा कि उसकी मौके पर ही मौत हो गई। व्यापारी तत्कालीन विधायक का करीबी था और अगला विधायक बनने का सपना देख रहे एक बाहुबली का घोर विरोधी। रामुदय को जेल हुई तो दो सालों तक केस चलने के बाद उस बाहुबली ने गवाहों और पुलिस को सेट कर रामुदय को जेल से छुड़वा दिया और अपनी छत्रच्छाया में रख लिया। यही बाहुबली अगला विधायक बना और धीरे-धीरे उसका वर्चस्व फैलने लगा। रामनिवास चौबे इस विधायक का भांजा था जो रामुदय का करीबी हो गया।

जेल से निकलने के बाद रामुदय की सम्पत्तियों में आश्चर्यजनक इजाफा हुआ था। हफ्तावसूली और रंगदारी लेना छोड़कर या उसका तरीका बदलकर जब उन्होंने दाल और राइस मिलों की शुरुआत की तो उन्हें पता चला कि

जैसे पैसा पैसे को खींचता है वैसे ही अपराध अपराध को खींचता है। शुरू से ही उनकी मिलें नशीले पदार्थों के आयात-निर्यात का ठिकाना भी बनीं जिसका प्रस्ताव रामनिवास चौबे की तरफ से हिस्सेदारी के साथ आया था। अगले दस से पन्द्रह सालों में रामुदय इस बाहुबली नेता के सच्चे उत्तराधिकारी बनकर निकले थे। उस नेता ने अपनी उम्र होते-होते अपने पुराने रसूख का इस्तेमाल कर रामुदय को टिकट दिलवा दिया जब पार्टी के कई वरिष्ठ नेता लाइन में थे। उन्होंने पानी की तरह पैसा बहाया और चुनाव जीत गए। सिर्फ पन्द्रह से बीस सालों की उनकी यात्रा एक स्वप्न सरीखी थी जिसकी खुमारी इलाके के लड़कों पर तारी रहती। उनके विधायक बनते ही कस्बे में परिवर्तनों की बहार आई थी और उनके समर्थकों ने उन्हें एक नए नाम 'विकास पुरुष' से पुकारना शुरू कर दिया था। आस-पड़ोस के युवा अचानक सेना या पुलिस की नौकरी की कोशिश छोड़ एक नए भविष्य का स्वप्न देखने लगे थे।

रामुदय सिंह ने अपने चुनाव लड़ने के बावजूद अपने समर्थकों की भर्ती के लिए कहीं कोई आवेदन फॉर्म नहीं निकाला था लेकिन जीवन में उछाल आने के बाद उनके समर्थकों की भीड़ अपने आप कोने-कोने से निकलकर आने लगी जिनकी आँखों में अगला रामुदय या फिर रामुदय की छाया बनने का दिवास्वप्न चमक रहा होता। लम्बे समय बाद ठाकुरों में कोई ऐसा नायक निकला था जो अपने ठाकुरत्व को तिलांजलि दिए बिना भी आगे बढ़ा था, नाम और पैसे कमाए थे और एक रुतबा हासिल किया था। इलाके के ठाकुर लड़के जहाँ रामुदय की सरपरस्ती चाहते वहीं बुजुर्ग बिना माँगे उन्हें आशीर्वाद दिया करते कि वे जल्द ही सांसदी जीतें और इलाके के भूमिहारों को औकात में ले आएँ। अधेड़ किसी भी तरह रामुदय से अपनी पुरानी पहचान निकालना चाहते। अपने समर्थन के लिए रामुदय किसी से न कहने जाते थे न किसी को इसके लिए पैसे देते थे लेकिन चौक-चौराहों पर अगर कोई उनके गैर कानूनी तरीकों के विरोध में दो शब्द कहता तो उनके बीच से ही उन्हें गालियाँ देने वाले निकल आते। उन्हें आवश्यक रूप से भूमिहार समझा जाता और तुरन्त उनका विरोध किया जाना शुरू हो जाता। कई बार बात सिर्फ गाली-गलौज तक रह जाती तो कई बार रामुदय के स्वैच्छिक समर्थकों को हाथ उठाकर सामने वाले को समझाना पड़ता कि रामुदय जो कर रहे हैं वो क्षेत्र और अपने समाज के लोगों की भलाई के लिए कर रहे हैं और सामने वाला या तो भूमिहार होने

या भूमिहारों की मानसिकता का होने की वजह से उसका विरोध कर रहा है।

रामुदय की जीत ने ठाकुरों में ऐसा उत्साह भरा कि जो ठाकुर लड़के पहले कॉलेज के प्रांगण में खड़े होकर लड़कियों की देहयष्टि के प्रति तारीफों के भाव लेकर घूरा करते थे, वे अपने मन के भाव लड़कियों तक पहुँचाने की कोशिश करने लगे। रामुदय ने अगले कुछ सालों में सिर्फ फैक्टरियाँ लगाईं और कहने की जरूरत नहीं कि इलाके के सैकड़ों नौजवानों को रोजगार दिया। उन्हें फैक्टरियाँ लगाने की लत लग गई थी और वे हर महीने पूरे पूर्वांचल में कहीं न कहीं कोई न कोई फैक्टरी खड़ी करने लगे थे।

जिले में बोतलबन्द पानी की पहली फैक्टरी लगने की चर्चाएँ थीं। ये लगभग बिना लागत वाला धन्धा अगर चल जाता तो आन का तान पैसा आना था लेकिन लोगों को इसके चलने में शक था। प्लास्टिक की बोतल में बन्द पानी कौन खरीदेगा जब कस्बे में हर किलोमीटर पर सरकारी हैंडपम्प और स्टेशनों पर ढेर सारे नल थे। ऐसा नहीं कि स्टेशन के हर नल में धाराप्रवाह पानी गिरा ही करता था लेकिन कम से कम इतना पानी उन नलों में जरूर मिला करता था जितना सरकार की आँखों में तब तक बचा हुआ था। लोगों का कहना था कि प्लास्टिक की बोतल में पानी पीने से हाजमा खराब होता है और ये सब तरीके कभी चल नहीं सकते। कुछ घुमन्तुओं का कहना था कि आने वाला समय बोतल बन्द पानी का ही है और बनारस से पटना-बक्सर तक बड़े शहरों में आलरेडी इन बोतलों का चलन शुरू हो गया है। अब हर स्टेशन पर उतरकर भीड़ को चीरते हुए नल तक जाने और अपना नम्बर आने तक घबराए हुए ट्रेन के सिग्नल के हरे होने का इन्तजार करने के दिन चले गए। जहाँ मन करे खाली बोतल फेंकिए और नई बोतल मुँह से लगा लीजिए।

ये वही समय था जब गाँवों में कुएँ उपेक्षित होने लगे थे और पता नहीं कैसे कस्बे में लगे सरकारी नलों को चलाने पर पाँच में से तीन सूखे रहने लगे थे। लोग एक के बाद एक तीन नल घुमाते, पानी न पाकर भृकुटी टेढ़ी कर अगल-बगल देखते तब तक दूर एकमात्र नल में पानी दिखाई देता जहाँ ढेर सारे लोगों की एक लम्बी लाइन लगी होती। लोग भुनभुनाते हुए उस एकमात्र नल की ओर बढ़ जाते। ऐसे में ही एक दिन की घटना है जब चाची के कॉलेज का आखिरी साल का आखिरी महीना चल रहा था। उनकी बीए की परीक्षाएँ थीं और उनकी तबीयत कुछ खराब-सी थी। चाचा ने एकमात्र सवारी उन्हें ही

बिठाया था और जब मुख्य रोड से उन्होंने एकाध गाँव के परिचितों के बढ़े हाथ को नजरअन्दाज करते हुए गाड़ी आगे बढ़ा ली थी तो वे मन में बुदबुदाए थे कि वे चाचा की शिकायत बाबा से जरूर करेंगे।

ट्रेन में खिड़की वाली सीट पर चाची को बिठाने के बाद चाचा बाहर खड़े उनसे बातें करते रहे। ट्रेन के अन्दर बैठे बुजुर्ग चाची और उनकी चहकती सहेलियों को देखकर कुढ़ते रहे और ट्रेन के स्टेशन से छूटते ही समाज के बिगड़ते जा रहे चलन पर टिप्पणी करने के लिए खुद को तैयार करते रहे। चाची को बोलने में थोड़ी तकलीफ हो रही थी और वो हल्का-हल्का हाँफ रही थीं। अचानक खिड़की पर टिका उनका सिर नीचे गिरने लगा। चाचा ने हाथ लगाकर उन्हें सँभाला और उनकी सहेलियों ने उन्हें घेर लिया। उन्होंने चाचा को हाथ में पकड़ी बोतल में जल्दी से पानी भर के लाने को कहा। चाचा दौड़ते हुए नल की तरफ गए और बोतल को नल के नीचे लगा दिया। नल में पानी नहीं था। उन्होंने दूसरे नल के नीचे बोतल लगाई और टोंटी को घुमाने लगे। दूसरा नल भी सूखा हुआ था। चाचा ने मुझे इशारा किया उसके पहले ही मैं तीसरे नल की तरफ दौड़ चुका था। वहाँ लगे चारों नल सूख चुके थे। चाचा भी बोतल लिये दौड़े। शीतल जल और स्वच्छ जल लिखे हुए सारे नल सूखे हुए थे। चाचा पागलों की तरह सभी नलों के नीचे बोतल लगाकर उनकी टोंटियाँ घुमा रहे थे लेकिन एक-दो बूँद पानी गिरने के बाद नल बिलकुल खामोश हो गए थे जैसे अपनी इस स्थिति पर वे खुद असहज थे। तब तक ट्रेन ने सीटी दे दी थी। चाचा की आँखें भर आई थीं, उन्हें समझ में नहीं आ रहा था वे क्या करें। वे खाली बोतल हाथ में लेकर दौड़ते हुए फिर से खिड़की तक गए तब तक सहेलियों ने अन्दर ही किसी की पानी की बोतल से चाची के चेहरे पर छींटे मारने के साथ उन्हें थोड़ा पानी पिला भी दिया था। चाचा ने खाली बोतल खिड़की से पकड़ानी चाही। चाची ने पकड़ने के लिए हाथ आगे बढ़ाया लेकिन तब तक ट्रेन की गति तेज हो गई थी। चाची के चेहरे पर पानी के छींटें थे और वे भारी आँखों और फीकी मुस्कान से चाचा को देख रही थीं। चाचा की गति अब धीमी होती जा रही थी और ट्रेन प्लेटफॉर्म छोड़ती हुई आगे बढ़ रही थी। मैं दौड़ता हुआ चाचा के पीछे थम रहा था। चाचा की चाल देख के लग रहा था वो कोई कीमती चीज हार गए हैं। मैं समझ नहीं पाया कि जब चाची को चक्कर आने के बाद ट्रेन में पानी मिल गया था, वो ठीक हो

गई थीं तो चाचा के इतना दुखी होने और अफसोस करने का कारण क्या था।

"हरामखोर रामुदयवा सबके हिस्से का पानी पी जाएगा..." चाचा जब रुके तो कुछ शब्द मैंने सुने जो उनके लगातार निकल रहे उद्‌गारों में से था। मैं रामुदय के बारे में उस वक्त तक कुछ नहीं जानता था सिवाय मेटाडोर में बैठे उन यात्रियों की बातचीत के जो उसे कस्बे के विकास के लिए बहुत जरूरी मानते थे। मैंने चाचा की ओर देखा तो उनके चेहरे पर बहुत गुस्सा और थोड़ी-सी विवशता थी। जैसे ही मैंने उनके चेहरे की ओर देखा, उनके पीछे तीन लम्बे-तड़ंगे आदमी भी दिखाई दिए जिनमें से एक ने उनके सर पे एक जोर का हाथ लगाया। ट्रेन के प्यासे गुजर जाने के बाद चाचा के लिए ये दूसरा झटका था। उन्होंने पलटकर पीछे देखा तो उनकी आँखें चौड़ी हो गईं। उनमें से एक को वो पहचानते थे। वो एकाध बार उनकी मेटाडोर से स्टेशन तक आया था और हमेशा रामुदय और ठाकुरों के उत्थान की बातें करता था। चाचा कुछ बोलें, उसके पहले ही दूसरे ने उनके गाल पे एक जोर का तमाचा रख दिया।

"साले नेताजी को गाली देता है...चीर-फाड़ के यहीं फेंक देंगे।" चाचा समझ गए थे कि वे अकेले तीनों का मुकाबला नहीं कर सकते इसलिए बहुत खौलने के बाद भी दाँत भींचकर रह गए और मेरा हाथ पकड़कर बाहर की ओर जाने लगे। उन तीनों ने एक-दूसरे की ओर देखा और चाचा के सामने खड़े हो गए। चाचा ने साइड से निकलने की कोशिश की तो तीनों ने एक साथ चाचा को पीटना शुरू कर दिया। मैंने एक का हाथ पकड़ा और कुछ न समझ आने की हालत में उसकी कलाई में दाँत गड़ा दिए। उसने मुझे किसी मकोड़े की तरह दूर झटक दिया। चाचा को मारते हुए वे एक ही बात कह रहे थे।

"माफी माँग...माफी माँग हाथ जोड़ के साले...कि आगे से नेताजी के बारे में अपशब्द नहीं बोलेगा..." चाचा ने माफी माँगने का कोई उपक्रम नहीं किया और पलटवार में हाथ उठाने की एकाध कामयाब कोशिशों के बाद और बुरी तरह पिटे।

जब वे तीनों निकले तो स्टेशन पर 556 सवारी गाड़ी के आने का समय हो चुका था जो मंडुवाडीह से चलकर भटनी तक जाती थी। बहुत से यात्री आश्चर्य से चाचा को देख रहे थे। चाचा के कपड़े फट चुके थे और उनके चेहरे में कुछ जगहों से खून निकल रहा था। मैं उनके पास गया। मेरी नाक से खून बह रहा था। चाचा ने मेरा हाथ पकड़ा और एक शीतल जल वाले

नल के पास गए। दो-चार बूँद टपकता हुआ पानी रोककर उन्होंने मेरी नाक पे लगाया और खून धोने की कोशिश की।

'कोई बात नहीं, भिनास फूट गया होगा, ठीक हो जाएगा, लेट लो थोड़ी देर।' चाचा ने मुझे वहीं पत्थर की एक बेंच पर लिटा दिया और हम दोनों कुछ देर चुपचाप रहे।

'आप बेकार में नाम ले लिये। नल में पानी नहीं आ रहा तो उनका क्या दोष?' मैंने धीमी आवाज में अपना विरोध जाहिर किया ताकि चाचा न सुनना चाहें तो न सुनें लेकिन चाचा चोट खाकर डर में नहीं बल्कि गुस्से में थे।

'तुम अभी छोटे हो अन्नू, तुमको समझ में नहीं आएगा। आज तक कोई नल नहीं सूखता था अब अचानक सब स्टेशन पर नल कैसे सूखने लगे? मऊ और भटनी स्टेशनों पर भी सिर्फ एक नल बचा है कभी चलता है, कभी नहीं। ये साला पानी बोतल की फैक्टरी लगाना चाहता है न यही हरामी सब नल सुखवा रहा होगा। तुम नहीं समझोगे।'

चाचा का दो बार मेरी समझ को चुनौती देना मुझे अखर गया। अब मैं इतना भी छोटा नहीं था, मेरा पहला बोर्ड एग्जाम मेरे सामने खड़ा था और अगर मैं अच्छे नम्बर से पास हो गया तो एयर फोर्स या आर्मी में हाई स्कूल पास पर भी भर्ती होती है। मैंने चाचा को विश्वास दिलाना चाहा कि मेरी समझ इतनी भी कच्ची नहीं कि चाचा अपनी बदतमीजी छिपाने के लिए ऐसी हवाई बात कहें और मैं मान जाऊँ।

'चाचा एक बात कहें गुस्साइएगा मत, अपनी बदतमीजी को सही साबित करने के लिए कुछ भी बोल रहे हैं। कोई किसी को पसन्द करता है आप उसके सामने उसको गाली देंगे तो कुछ तो करेगा ही वो। आपकी गलती है मान लीजिए।' मैंने यथासम्भव नरम अन्दाज में कहा। चाचा मेरी ओर देखने लगे। उनकी आँखों में दर्द था और चेहरे पर फीकी-सी मुस्कान।

'हमारी गलती थी हम गाली दिए, खुश? हम गलती मान लिये लेकिन फिर भी हरामखोर को हरामखोर ही बोलेंगे। अन्नू एक बात जान लो, वो सरकार हैं, वो हरामखोर चाहेंगे ही कि तुम अपनी गलती खोजते रहो, मानते रहो। तुम अपनी गलती मानते रहो और वो तुमको निचोड़ने का तरीका खोजते रहेंगे। एक बात आज समझ लो, जो खून चूसने वाली सरकार होती है वो हर बात के लिए तुमको ही गलत ठहरा देगी ताकि तुम उसका कॉलर पकड़कर

सवाल न पूछ सको। हम पूछेंगे। पता करेंगे सब नल एक साथ कैसे सूखने लगा है अचानक जब से उसके फैक्टरी की चर्चा हुई है।' चाचा बोलते रहे, बोलते रहे। उनकी आवाज में गुस्से के साथ एक अनोखा जोश भी था।

चाचा उस दिन थोड़े उदास से रहे। उन्होंने वापसी में भी कोई सवारी नहीं ली और कुछ देर स्टेशन और आसपास वक्त बिताने के बाद कई दफ्तरों के चक्कर काटते रहे जिनमें पुलिस-थाना, नगर निगम और जल विभाग मुख्य थे।

मुझे अगले दिन पापा और बाबा की बातों से पता चला कि पानी वाली फैक्टरी हमारे ही इलाके में बनने की योजना है और चाचा का दिमाग यही खबर सुनकर खराब चल रहा था। इलाके के और लोग जहाँ खुश थे कि उनकी खेतों की सरकार बहुत अच्छी कीमत देगी वहीं चाचा लगातार तनाव में रहने लगे थे। उसी दिन शाम को चाचा और पापा के बीच जम के झगड़ा हुआ जिसमें बाबा ने पापा का पक्ष लिया।

'खेत हमारे नाम है, हम जो चाहेंगे करेंगे। तुम्हीं ज्यादा जानकार हुए हो, ठाकुर इतना किया है इस इलाका के लिए, वो कुछ गलत करेगा क्या? भूमिहारों जैसे उसके विरोधी होते जा रहे हो। कितना किया है वो अपने लोगों के लिए। इतिहास पुरुष है वो।' बाबा ने झगड़े का समापन वक्तव्य देकर बात ही खतम कर दी थी। चाचा तमतमाते हुए बाहर निकल गए और सारी रात वापस नहीं लौटे।

उसके कुछेक हफ्तों बाद की बात है, हमारे पूरब वाले खेतों की तरफ, जिधर और भी गाँव वालों के खेत थे, कुछ सरकारी आदमी आकर नाप-जोख करने लगे। पता करने पर उन्होंने गाँववालों से कहा कि आप सबकी किस्मत खुलने वाली है। एक तो फैक्टरी निर्माण के लिए आप लोगों की पाँच रुपये की जमीन का पचास रुपया मिलेगा दूसरे इलाके के लड़कों को रोजगार मिलेगा। देखते ही देखते इस इलाके का ऐसा विकास हो जाएगा कि आप लोग पहचान ही नहीं पाएँगे। चाचा की बेचैनी बढ़ती जा रही थी लेकिन मैं देख रहा था वो कुछ कर नहीं पा रहे हैं। वो मुझसे भी अब बात करने से बचने लगे थे।

एक रात चाचा घर लौटे तो बहुत उदास और उखड़े हुए थे। उनकी कमीज एक तरफ से फटी थी और चेहरे पर चोट के निशान थे जो पानी से धोने के बाद भी थोड़े से बच गए थे। उन्होंने किसी से बात नहीं की न खाना खाया। चुपचाप अपने कमरे में जाकर सो गए। सुबह उनके दो दोस्त आए जो

उन्हें लेकर कहीं चले गए। उनके दोनों दोस्तों ने किसी पुराने दोस्त की मदद माँगी थी जो बनारस में बीएचयू से वकालत की पढ़ाई पूरी करके प्रैक्टिस कर रहा था। मेरे बहुत मनुहार करने के बाद चाचा के दोस्तों ने मुझे भी साथ आने की हामी भरी। वहाँ प्रोफेसर साहब भी थे।

तीसरा दोस्त लम्बे समय बाद गाँव आया था इसलिए घर-परिवार से मिलने के बाद जब वो बिसेनी पहुँचा तो चाचा और हम लोग काफी देर से वहाँ बैठे थे। उसके आते ही उन लोगों ने धीमे स्वर में कुछ बातें करनी शुरू कर दीं जिनमें से कुछ ही मेरे पास पहुँची।

'शरीफ पुलिस वाला था इसलिए सिर्फ पीट के छोड़ दिया। विधायक के खिलाफ रिपोर्ट लिखवाने वाले की टाँग तोड़ के विधायक के सामने डाल आता तो उसका प्रमोशन हो जाता।'

'हर काम का एक तरीका होता है और थाना, निगम सब सरकारी चीज हैं, वहाँ किसी ऐसी बात को उठाने का क्या मतलब जो विधायक जी मतलब सरकार की ही मर्जी से हो रहा है। बदमाशी की शिकायत पुलिस से करते हो, पुलिस बदमाशी करे तो सरकार के पास जाओगे, अब सरकार ही...' दोस्त ने वाक्य पूरा नहीं किया और अगल-बगल देखने लगा जैसे सिगरेट जलाने का एकान्त खोज रहा हो। सिगरेट जलाकर वो जल्दी-जल्दी कश लेने लगा जैसे उसकी जबान से कोई गलत बात निकल गई हो। चाचा पर उसकी बात ने कोई असर नहीं छोड़ा।

'देखो ओमप्रकाश अपनी मन की सन्तुष्टि के लिए तुमको जो ठीक लगे करना चाहिए। ये तय है कि ऐसी लड़ाइयों में जीतने की सम्भावना नगण्य होती है लेकिन जो लोग लड़े बिना नहीं जी पाते, उन्हें लड़ते हुए मर जाने की आजादी तो है ही।' प्रोफेसर साहब की बात मेरी जरा भी समझ में नहीं आई लेकिन चाचा ने भरी आँखों से उनके पाँव छू लिये। प्रोफेसर साहब ने चाचा को गले लगाया और उन्हें एक झोला किताबें देकर वहाँ से चले गए। चाचा भरी आँखों से उन्हें जाता देखते रहे।

चाचा के वकील दोस्त ने चाचा से कुछ कागज भरवाए और अगले दिन हमारे खानदान में से पहली बार किसी का नाम अखबार में छपा। मूझे अखबार में सिर्फ चाचा का नाम समझ में आया। जनहित याचिका, जलस्रोत, धाँधली जैसे शब्द मुझे पल्ले नहीं पड़े तो मैंने बाद में चाचा से पूछ के पूरा

मामला समझने का सोचा। पापा और बाबा एक तरफ हो गए थे और चाचा को खरी-खोटी सुना रहे थे। मुझे समझ नहीं आ रहा था कि पापा मुझसे हमेशा कहते थे कुछ ऐसा काम करो कि नाम अखबार में आए और आज चाचा का नाम अखबार में निकला तो उन्हें डाँट क्यों रहे थे।

चाचा में इस घटना के बाद से कुछ परिवर्तन आए थे। जैसे वो बात-बात में ठहाके मारकर पहले की तरह हँसते नहीं थे, तुनक जल्दी जाते थे और ज्यादातर समय उन किसानों से मिलने-बतियाने में बिताते थे जिनकी जमीनें फैक्टरी में जाने वाली थीं। कुछेक बार मुझे भी लेकर गए, मुझे अच्छा नहीं लगता क्योंकि चाचा जो बात किसानों को समझाने की कोशिश करते वो कोई नहीं समझता। वे उलटे चाचा को ही समझाने की कोशिश करने लगते। चाचा उन्हें समझाते कि फैक्टरी बनने से कुछ सालों बाद इलाके में पानी की कमी हो जाएगी लेकिन किसान अपनी गरीबी और मिलने वाले पैसों की बातें करने लगते। चाचा मायूस हो जाते।

एक दिन मैं सोकर उठा तो पूरे गाँव में हल्ला था। सब लोग पूरब वाले खेतों की तरफ जा रहे थे। बाबा और पापा घर में नहीं थे। मैं भी खेतों की ओर भागा।

चाचा अपने खेत में एक मचान बनाकर ऊँचाई पर बैठ गए थे। मचान में एक तरफ एक बड़ी तख्ती लगी थी जिस पर लिखा था—'हमारा पानी कोई छीन नहीं सकता।' गाँववाले उन्हें कौतूहल से देख रहे थे और बच्चे थामे औरतें फुसफुसाकर हँस रही थीं।

जल्दी ही वो मचान चाचा का स्थायी पता हो गई थी। जो मिलता खाते, पीते और फिर से मचान पर चढ़ जाते। दिन भर वहीं लेटे किताबें पढ़ते रहते जो प्रोफेसर साहब की दी हुई थीं। प्रोफेसर साहब अब बनारस में ही रहने लगे थे या फिर वहाँ से भी शायद कहीं गायब हो गए थे क्योंकि एक बार उन्हें खोजती हुई पुलिस गाँव में आई थी।

मेरा बोर्ड का एग्जाम था इसलिए मैं जल्दी पापा के साथ वापस चला आया। साल पढ़ने और डरने में ही निकल गया। बोर्ड की परीक्षाओं को लेकर मन में इतना डर भर दिया गया था कि ठीक-ठाक तैयारी करने के बाद भी परीक्षा में डर लगा। हालाँकि पेपर अच्छे हुए और फिर से गाँव जाने का समय आ गया। अब मैं गाँव नहीं जाना चाहता था क्योंकि मेरे नए दोस्त और मेरी

नई उम्र मुझे करने के लिए बहुत सारे काम दे रही थी जिसमें उस लड़की का घर पता करना सबसे जरूरी था जो हम साइकिल वाले लड़कों के बीच स्कूटी से आती थी और सभी उसे देख आहें भरते थे। लेकिन पापा-मम्मी और छोटे भाई का मन अभी गाँव से ऊबा नहीं था। वो परीक्षाएँ खतम होते ही गाँव जाने की बातें करने लगे। मैंने पापा को कन्विंस करने की कोशिश की कि मैं अपने दोस्तों के साथ कोई समर कोर्स करना चाहता हूँ लेकिन मेरी सुनी नहीं गई। कार्यक्रम तय हुआ और हम गाँव में थे।

गाँव में मुझे लगा जैसे एक साल पुराना समय वहीं रुका हुआ है। चाचा उसी तरह अपनी मचान पर धरना देकर बैठे थे। फर्क इतना था कि अब उनके आसपास किसानों ने कई मचान बना लिये थे और उनके साथ कुछ और किसान जुड़ चुके थे। उन मचानों के पीछे कुछ दूरी पर फैक्टरी का निर्माण हो रहा था जहाँ ढेर सारे सुरक्षा गार्ड हाथों में हथियार लिये खतरनाक कुत्तों के साथ टहल रहे थे। कुछ पुलिस वाले भी वहाँ टहल रहे थे और थोड़ी दूरी पर एक अस्थायी चौकी बनी हुई थी जहाँ पुलिस की दो जीपें खड़ी थीं। मुझे चाचा को देखकर दुख हुआ और एक जोर की रुलाई आई। उनकी दाढ़ी खूब बढ़ गई थी, बड़े बाल बिखरे हुए थे और वो बहुत दुबले हो गए थे। मुझे अफसोस हुआ कि मैं अपने दोस्तों के चक्कर में अपने सबसे पहले दोस्त अपने प्यारे चाचा को भूल रहा था। मैं चाचा की ओर दौड़ा और चाचा ने दूर से ही मुझे आता देख लिया। वो खड़े होकर उतने ऊँचे मचान से कूद गए और छलाँग लगाकर मुझे अपनी बाँहों में भर लिया। उन्होंने मेरी उग रही मूँछों को छूकर देखा और अट्टहास करके हँसे। मुझे उन्हें पुराने अन्दाज में हँसते देखना अच्छा लगा। मैंने उन्हें सुनहले कैप वाली वो कलम गिफ्ट की जो शहर से लेकर आया था। चाचा उसे देखकर बहुत खुश हुए और चूमकर जेब में रख लिया।

मैंने मौका मिलते ही चाची के बारे में पूछा। चाचा ने उदास आँखों से मुझे बताया कि अरुणिमा की कहीं और शादी हो गई है और वो अब कभी शादी नहीं करेंगे। अचानक मैंने देखा बगल के गाँवों से कुछ किसान मचानों की तरफ आ रहे थे। चाचा ने मेरे बाल सहलाए और किसानों की ओर बढ़ गए। उन किसानों को देखकर जो यहाँ के इक्का-दुक्का किसान थे उनकी भंगिमाएँ बदलने लगीं और वो इधर-उधर टहलने का अभिनय करते हुए धरनास्थल से दूर जाने लगे।

प्लांट के सामने पुलिस और सुरक्षाकर्मी तैनात थे लेकिन चाचा बेखौफ किसानों से सम्बोधित थे, 'जल-जंगल-जमीन-पहाड़ और हवा इन पर सबका बराबर का अधिकार है। कोई अपने पैसे और सम्पर्कों के बल पर अगर इनमें से किसी पर अधिकार करना चाहता है, हमारी ही चीजें हमें बेच रहा है तो हमें इसका विरोध करना चाहिए। आज हम इलाके में ये पानी का प्लांट लगने देंगे तो ये तय मानिए कि हमारी अगली पीढ़ियों को हमेशा पानी खरीदकर पीना पड़ेगा। कोई मरता भी रहेगा तो उसके मुँह में डालने के लिए एक बूँद पानी नहीं मिलेगा। मैं साल भर से इसका विरोध कर रहा हूँ लेकिन मुझे यहाँ के लोगों का पूरा समर्थन नहीं मिला। आप अपने पुराने और पुश्तैनी मतभेद भुलाकर आए हैं, ये साबित करता है कि आज की पीढ़ी साँप निकल जाने के बाद लकीर पीटने वालों में से नहीं है। हमारे पूर्वजों के बीच जो संघर्ष हुआ, अगर हम उसमें ही फँसे रहेंगे तो कभी उस खतरे को नहीं देख पाएँगे जो हम सबके अस्तित्व पर मँडरा रहा है। आपके आ जाने से मैं आश्वस्त हूँ कि यहाँ के किसान भी मामले की गम्भीरता को समझेंगे और जागेंगे। हमें जागना होगा और जो प्रकृति की सबको बराबर दी हुई चीजें हैं, उनके लिए खड़ा होना पड़ेगा। आप अपने आसपास के लोगों को समझाइए कि हम तब आरी को रोकने चलेंगे जब वो हमारी गर्दन तक पहुँच जाएगी तो गर्दन को बचाना बहुत मुश्किल होगा। जमीन के नीचे के पानी का दोहन करने वाली ऐसी मक्कार फैक्ट्रियाँ जहाँ भी लगी हैं, आप लिखकर ले लीजिए वहाँ पानी की कमी हो गई है या कल को हो जाएगी। सबके कल्याण के लिए काम आने वाले पानी को ऐसे धन्धेबाज रोककर अपनी तिजोरी भरने में इस्तेमाल कर रहे हैं। अब आप लोग मेरे साथ आ गए हैं, अब हम इस प्लांट को जब तक बन्द नहीं करवा देते हमरा धरना हमारी जिद जारी रहेगी। इन्कलाब...'

मुझे उम्मीद नहीं थी कि फटे कपड़ों में बैठे भूखे किसानों की आवाज में भी चाचा जैसा ही जोश होगा लेकिन यहाँ जोश उनसे भी दुगुना था, 'जिन्दाबाद...जिन्दाबाद...जिन्दाबाद...'। मैं कुछ समय वहाँ खड़ा रहा।

चाचा फिर से वही पुराने चाचा हो गए थे लेकिन अब उनके पास पूरी दुनिया की ऑथेंटिक जानकारी थी। बचपन में जैसी झूठी कहानियाँ सुनाकर वो मुझे बरगलाया करते थे उसके उलट एकदम खरे और डरा देने वाले सच। वो ऐसी बातें कर रहे थे जो पूरी मेरी समझ में भले न आएँ, जितनी

आ रही थीं उतने से ही लग रहा था कि हमारे अस्तित्व के ऊपर एक बड़ा खतरा मँडरा रहा है और अगर हम नहीं चेते तो आने वाले समय में हमें पानी तो क्या हवा तक खरीदनी होगी। बिसेनी में टहलते हुए मैंने चाचा को उस लड़की के बारे में बताया जो हमारे सीने को स्कूटी से रौंदती हुई चलती थी। तेज हवा चल रही थी और हमारे आम के पेड़ झूम रहे थे। कुछ बच्चे आसपास के पेड़ों पर ढेले मार रहे थे। चाचा ठहाका लगाकर हँसे। उन्होंने मेरी हथेली थामी और कन्धे पर हाथ मारते हुए मुस्कराकर बोले, "अपनी सरलता को बचाए रखना, प्रेम करने के लिए सबसे जरूरी यही है। कुटिल लोग कभी प्रेम नहीं कर सकते।"

हमारे सिरफलहवा से कुछ आम गिरे और दो लड़के फुर्ती से उठाकर खाने लगे। एक आम भागकर मैंने भी उठाया। मैंने उन लड़कों को हमारे पेड़ के आम उठाने के लिए डाँटा तो उनमें से एक ने शराफत से मेरे बढ़े हाथ की ओर आम बढ़ा दिया। चाचा ने मेरा हाथ वापस खींच लिया और मुझे लेकर वहाँ से चलने लगे। उनके होंठों पर अभी भी मुस्कराहट थी। 'जैसे हवा पानी सबका है वैसे पेड़ और फल भी सबके होते हैं अन्नू, चलो।' मैं कुछ नहीं बोला। मुझे चाचा का इस तरह हँसना-मुस्कराना अच्छा लग रहा था।

रात को सोते हुए मैंने बाबा से पूछा कि चाचा कहाँ सोते हैं तो उन्होंने बताया कि चाचा मचान पर ही सोते हैं। मैं चाचा की बातें याद करता धीरे-धीरे सो गया। आधी रात को किसी गाड़ी के आने की आवाज सुनकर मेरी नींद खुली। थोड़ी देर तक मैं बिस्तर पर ही लेटा रहा और आसपास सुनने की कोशिश करता रहा। मुझे पापा की फुसफुसाने की आवाज सुनाई दी। मैं धीरे से उठकर दरवाजे तक गया। बाहर एक बड़ी गाड़ी थी जिस पर विधायक लिखा हुआ था और दोनों तरफ किसी पार्टी के छोटे झंडे लगे हुए थे। पापा किसी दाढ़ी वाले खतरनाक दीखते आदमी से बातें कर रहे थे। मुझे उनकी बातें हल्की-सी सुनाई दीं।

'उससे हमें कोई खतरा नहीं था लेकिन अब वो दिक्कत देने लगा है। आप बस हमें उसके पास ले चलिए। वो हट जाएगा तो ये सब बकवास अपने आप खतम हो जाएगी। कहीं कोई दिक्कत नहीं होगी, वहाँ कुछ हमारे किसान भी हैं जो बयान देंगे कि उसका मन कहीं भाग जाने को बेचैन था।'

पापा उस आदमी के सामने बहुत डरे हुए लग रहे थे जैसे माँ डरती

थी जब पापा स्टेशन पर पानी लेने जाते थे। उस आदमी ने पापा के कन्धे पर हाथ रखा और धीरे से फुसफुसाया।

'आप शराफत से चलेंगे और गाँव के बाहर ले आएँगे तो हम सिर्फ बातचीत करके छोड़ देंगे वरना हमें काँटा जड़ से निकालना पड़ेगा। सोच लीजिए। आपकी जमीन का जो दाम मिलेगा वो पूरे एरिया में सबसे ज्यादा होगा ठाकुर साहब।'

पापा ने सहमी आँखों से आसपास देखा। मैं अन्दर की ओर छिप गया। पापा उसे लेकर खेतों की ओर जाने लगे। वे दोनों खेतों की ओर बढ़े तो गाड़ी बिना आवाज और रोशनी किए उन दोनों की तरफ बढ़ने लगी। मैं पापा के आने का इन्तजार करने लगा। एक घंटा फिर दो घंटा बीता तो मुझे नींद आने लगी। मैं सो गया।

सुबह उठा तो पूरे गाँव में हंगामा था। चाचा कहीं गायब हो गए थे और गाँव के किसान रामुदय के खिलाफ नारे लगा रहे थे। कुछ किसानों ने अचानक पाला बदल लिया था और ऐसी बकवास बातें करने लगे थे कि चाचा को समझाने पर बोतलबन्द पानी का महत्त्व अब समझ आ रहा था या फिर उन्हें लगने लगा था कि वो एक अच्छी बात का विरोध कर रहे थे और इसलिए शर्मिंदा थे। स्थानीय किसान बाहर से आए उन किसानों के बयान से नाराज हुए और उनके बीच पहले झड़प फिर मारपीट होने लगी। दोनों समूह एक दूसरे पर पीढ़ियों पुराने आरोप लगाने लगे थे और हिंसा शुरू होने पर बाहर से आए किसान अचानक थोड़ी-बहुत हिस्सेदारी कर गायब हो गए थे।

स्थानीय किसानों ने सड़क जाम कर दी थी और पुलिस अधिकारी के आने की माँग कर रहे थे। बाबा और दादी भी बदहवास थे, माँ भी रो रही थीं लेकिन पापा खामोश थे। गाँव वालों के सवालों के जवाब वो सिर्फ हाँ हूँ में दे रहे थे। बाद में एसपी सड़क जाम खुलवाने आए और गाँव वालों को आश्वासन दिया कि इलाके में बोतलबन्द पानी के प्लांट का विरोध कर रहे ओमप्रकाश सिंह को जल्दी ही खोज लिया जाएगा। धीरे-धीरे गाँव वाले वापस आ गए। शाम होते-होते खेतों से मचानें उजाड़ दी गईं और फैक्टरी की दीवार बढ़ती-बढ़ती उन खेतों तक फैल गई। अगले दिन चाचा के गायब होने की खबर अखबार के एक कोने में छपी—'मचान आन्दोलन के मुखिया ओमप्रकाश सिंह लापता' जिस पर किसी ने ध्यान नहीं दिया।

मैं पहले तो चाचा के गायब होने पर उदास था फिर दुखी हुआ फिर मेरे अन्दर गुस्सा पैदा होने लगा। पापा ने किसी को उस रात के बारे में बताया नहीं था। मैंने एकाध बार उस रात के बारे में पापा से पूछने की कोशिश की लेकिन उन्होंने मुझे तेज आवाज में घुड़क दिया कि अपनी उम्र के कामों से वास्ता रखो। मुझे समझ नहीं आ रहा था क्या करूँ। मुझे अपने छोटे होने पर कोफ्त हुई।

महीने भर बाद जब बाबा और दादी रो-रोकर चुप हो चुके थे और गाँव के लोगों में भी चाचा की चर्चा कम हो गई थी, हमारे जाने का वक्त आया। माँ ने पैकिंग की। हमें सुबह वाली ट्रेन पकड़नी थी। शाम को मेरा मन कैसा तो होने लगा तो मैं खेतों की तरफ भाग गया जहाँ चाचा की मचान थी।

फैक्टरी का काम जोरों पर था। जहाँ चाचा की मचान थी वहाँ से कुछ दूर एक दीवार उठ रही थी और वहाँ कुछ बाँस-बल्लियाँ बिखरी हुई थीं। मैं वहाँ थोड़ी देर खड़ा रहा तो मेरी आँखें भर गईं। अचानक मेरी नजर एक कोने में पड़े चाचा की सुनहली कैप वाली कलम पर पड़ी। मैंने उसे उठाया। वो धूल में लिपटी हुई थी। शायद चाचा को भी ऐसे ही धूल में लिपटते हुए खींचा गया होगा। अचानक मेरे पीछे किसी की आवाज आई।

'कौन हो? यहाँ क्या कर रहे? इधर मना है आना।' मैं पीछे पलटा तो एक सिक्योरिटी वाला हाथ में डंडा और कन्धे पर बन्दूक लिये खड़ा था। मेरी आँखों में खून उतर आया था। पास ही एक नुकीला पत्थर था।

'चाचा को कहाँ ले गए सब?' मैंने सर्द आवाज में पूछा लेकिन एक बच्चे की आवाज से सुरक्षाकर्मी को क्या फर्क पड़ना था। वो मुस्कराने लगा।

'कौन चाचा बबुआ? किसके घर के हो?' अचानक मैंने वो नुकीला पत्थर उठाया और फुर्ती से उसकी ओर फेंका। उसकी आँखें हैरत से चौड़ी हो गईं, वो दुगुनी फुर्ती से एक साइड हटा और अपना डंडा पूरे जोर से चलाया। मेरे माथे से टकराते ही मुझे कहीं से टन्न की आवाज आई और हर तरफ अँधेरा छा गया।

मेरी आँख खुली तो मुझे पापा उठाकर स्टेशन जाने के लिए रिजर्व की गई गाड़ी में लिटा रहे थे। मेरे माथे पर पट्टी बँधी थी। मैंने माथे पर हाथ लगाना चाहा तो पापा ने हाथ हटा दिया।

'सीधे बैठो, गिर गए थे तुम, चोट लगी है। चैन से लेटे रहो।' पापा

अन्दर सामान और छोटे भाई को लेने चले गए। मैं उठकर बैठा तो गाड़ी की खिड़की के पास बाबा खड़े थे। मैंने इशारा किया तो बाबा मेरे पास आए। मैंने बाबा को धीरे से बता दिया कि चाचा के गायब होने वाली रात पापा से मिलने कोई आया था। बाबा की आँखों में आँसू आ गए।

'अपनी ही बिरादरी का दुश्मन घर में पैदा हो जाए तो वो पिछले जन्म का बदला लेने आया होता है।' बाबा ने आँसू पोंछते हुए कहा। मैं इसका मतलब भी समझ नहीं पाया और मुझे उस पल अपने छोटे होने पर इतनी झल्लाहट और निराशा हुई कि मैं अपना सिर किसी पत्थर पर रखकर कूँच डालूँ।

जिस रोड पर चाचा मस्ती में गाने गाते अपनी मेटाडोर चलाया करते थे, उसी रोड पर हम किसी दूसरी गाड़ी पर बैठे स्टेशन जा रहे थे। सड़क वैसी ही थी, लोग वैसे ही ट्रेन का इन्तजार चेहरे पर लिये बैठे थे लेकिन चाचा नहीं थे। चाचा ऐसे गायब हुए थे जैसे कभी थे ही नहीं।

हम ट्रेन में बैठे तो मुझे स्टेशन पर हुई घटना याद आने लगी। मैंने आँखें बन्द कर ली। माँ खिड़की वाली सीट पर बैठी थीं और पापा सामने वाली सीट पर थे। माँ ने अचानक झोले से पानी की खाली बोतल निकाली और पापा की ओर बढ़ाया।

'बोतलवा भर लाइए।' पापा बोतल लेकर उतरने लगे। जैसे ही वो दरवाजे के पास पहुँचने वाले थे, अचानक ट्रेन ने सीटी दे दी। माँ वहीं से चिल्लाई, 'जाने दीजिए, सुनिए...अन्नू के पापा आ जाइए।' पापा पीछे पलटे ही थे कि अचानक एक लड़का हाथ में एक प्लास्टिक की बाल्टी लिये चिल्लाता हुआ ट्रेन में चढ़ा। बाल्टी में ढेर सारी ठंडे पानी की बोतलें थीं।

'ए ठंडा पानी ले लो, ठंडा पानी बोतल पाँच रुपया में एकदम चिल्ड पानी...' पापा वैसे बहादुरी दिखाने उतर जाया करते थे लेकिन ट्रेन हल्की-सी हिली थी और वो पीछे आने लगे थे। वो चलते हुए हमारे सामने आए तब तक दूसरी तरफ से दूसरा वेंडर चिल्लाता हुआ चढ़ा।

'अरे नल पे जाने का मेहनत खतम हुआ, पाँच रुपये में फ्रिज का ठंडा तो पानी आपके हाथ में। बैठे-बैठे निकालिए पैसा और पीजिए पानी...पाँच रुपया पाँच रुपया...' पापा ने पाँच रुपये देकर एक बोतल ठंडा पानी लिया और माँ की तरफ बढ़ा दिया। माँ ने एक घूँट पानी पिया और उसकी आँखों में चमक आ गई।

‘अरे एकदम ठंडा बा जी।’ उसने बोतल पापा की तरफ बढ़ाई। पापा ने भी दो घूँट पानी पिया। उनके चेहरे पर भी तरावट आ गई। डिब्बे में बैठे कई यात्रियों ने पहले माँ का फिर पापा का चेहरा देखा था और पाँच-पाँच रुपये के नोट वेंडर की तरफ बढ़ाने लगे।

पापा ने बोतल मेरी ओर बढ़ा दी। अचानक मुझे सब कुछ बेहद डरावना और अजीब लगने लगा। मुझे लगा ये सभी लोग कुछ जानते हैं लेकिन उसके बारे में किसी से बातें नहीं करते। मुझे लगा एक मैं ही हूँ जिसे याद है कि ओमप्रकाश सिंह नाम का एक आदमी हुआ करता था जो कुछ हफ्तों पहले गायब हो चुका है और उसके बारे में कोई बात नहीं कर रहा है। मैंने सबके चेहरे देखे। ये सब बड़े हो चुके लोग कुछ ऐसी बातें जानते हैं जिसके बारे में ये खुलकर बातें करें तो हम बच्चे बेहोश हो जाएँ। शायद ये सभी लोग रात के अँधेरे में राक्षस जैसे भयानक चेहरे पहनकर कुछ खास जघन्य काम करते हैं लेकिन दिन में आम इनसान बनकर हमारे बीच में घुल-मिल जाते हैं और अखबार पढ़ते हुए मुस्कराया करते हैं। मैं जिसकी ओर भी देख रहा था उसके चेहरे में मुझे राक्षस दिखाई दे रहा था। सबसे भयानक चेहरा मुझे पापा का दिखा। उनकी आँखें लाल थीं और उनमें से एक-एक बूँद कर के रक्त टपक रहा था। उनके नाखून बड़े-बड़े थे और उन्होंने अपने झुर्रियों वाले हाथ से पानी की बोतल मेरी ओर बढ़ाई तो मैं डर के चीख पड़ा। मुझे चीखता देख सब राक्षस, जो शरीफों वाले भेस में थे, मेरी ओर हैरानी से देखने लगे। पापा भी कुछ न समझने की एक्टिंग करने लगे।

‘क्या हुआ? लो पानी पी लो, देखो एकदम ठंडा है।’ मैंने बोतल पापा के हाथ से ले ली। ट्रेन अपनी गति से चलती हुई न जाने कहाँ अनन्त में जा रही थी कि बाहर का कोई भी दृश्य दिखाई नहीं पड़ रहा था। मैंने बोतल को मुँह से लगाया। डिब्बे की गति इतनी तेज हो गई थी जैसे बाहर के घुप्प अँधेरे में ये डिब्बा ट्रेन से कटकर अन्तरिक्ष में जा रहा हो। मैंने हाथ से बोतल पकड़ी और ऊपर देखा। ऊपर ट्रेन की छत नहीं खुला आसमान दिख रहा था जिसमें तारे टिमटिमा रहे थे। ये डिब्बा आगे की ओर नहीं ऊपर की ओर जा रहा था। तेज हवा से सबके बाल उड़ रहे थे। मैंने डरते हुए बोतल को मुँह से लगाया।

एक बूँद पानी हलक में जाते ही मैं दुगुनी गति से चीखा। वो एकदम गरम और गाढ़ा द्रव था जो मेरे गले में उतर रहा था। मैंने डर के मारे बोतल

मुँह से निकालकर देखा। उसमें एकदम गाढ़ा खून भरा हुआ था। मैं डर के मारे गला फाड़कर चिल्लाने लगा। अचानक मेरी नजर डिब्बे में बैठे यात्रियों पर गई। एक अजीब नीली-काली रोशनी में ढेर सारे भयानक चेहरे वाले लोग अपने-अपने होंठों से बोतल लगाए पी रहे थे। सभी बोतलों में गाढ़ा लाल खून भरा था। पीते हुए सबके चेहरों पर गजब की सन्तुष्टि और स्वाद था। मैं और तेज चीखने लगा।

ट्रेन की गति मेरे चीखने की गति से होड़ लगा रही थी।